PETIT MANUEL DU TRAVAIL AUTONOME

CONSEILS ET TÉMOIGNAGES

MARTINE LETARTE   JUDITH LUSSIER

PETIT MANUEL DU TRAVAIL AUTONOME

CONSEILS ET TÉMOIGNAGES

LES ÉDITIONS **LA PRESSE**

Catalogage avant publication de Bibliothèque et Archives nationales du Québec et Bibliothèque et Archives Canada

Letarte, Martine

    Petit manuel du travail autonome : conseils et témoignages

    Comprend des réf. bibliogr. et un index.

    ISBN 978-2-89705-138-9

    1. Travailleurs indépendants. 2. Travail à domicile. I. Lussier, Judith, 1983-   . II. Titre.

HD8036.L47 2013   658'.041   C2013-940261-6

Directrice de l'édition : Martine Pelletier	**Révision :** Sophie Sainte-Marie
Éditrice déléguée : Sylvie Latour	**Mise en page :** Marguerite Brooks
Conception graphique et couverture : Marguerite Brooks	**Illustrations :** David Lambert
	Photos de la couverture 4 : Caroline Clouâtre

L'éditeur bénéficie du soutien de la Société de développement des entreprises culturelles du Québec (SODEC) pour son programme d'édition et ses activités de promotion.

L'éditeur remercie le gouvernement du Québec de l'aide financière accordée à l'édition de cet ouvrage par l'entremise du Programme d'impôt pour l'édition de livres administré par la SODEC.

Nous reconnaissons l'aide financière du gouvernement du Canada par l'entremise du Fonds du livre du Canada (F.L.C.).

LES ÉDITIONS **LA PRESSE**
Présidente
Caroline Jamet
Les Éditions La Presse
7, rue Saint-Jacques
Montréal (Québec)
H2Y 1K9

On n'est jamais servi si bien que par soi-même

Charles-Guillaume Étienne
dans *Bruis et Palaprat* (1807)

TABLE DES MATIÈRES

INTRODUCTION

Nous sommes deux journalistes indépendantes et nous cherchions des réponses à nos questions.

Travailleuse autonome depuis 2005, Martine Letarte ne manquait pas d'ouvrage, mais elle aurait bien pris quelques trucs pour mieux gérer son horaire et trouver du temps afin de respirer un peu.

De son côté, Judith Lussier en avait assez d'être prise en pitié par des salariés croyant qu'elle mourait de faim ou qu'elle travaillait de chez elle en attendant de décrocher un vrai boulot. C'était tout le contraire.

Autour d'un café, nous avons échangé nos trucs et nous avons réalisé que non seulement ces conseils pouvaient être utiles, mais qu'ils gagneraient à être alimentés par d'autres témoignages. C'est ce que nous avons réuni dans cet ouvrage.

Ce livre n'est surtout pas un guide ou un livre de recettes pour démarrer sa petite entreprise en cinq étapes faciles.

Il est plutôt un témoignage de ce que nous, travailleurs autonomes, avons fait pour nous lancer à notre compte. Comment nous sommes-nous organisés pour gagner en efficacité? Quels ont été les avantages et les réels inconvénients de quitter le salariat? Avons-nous fait le saut d'un coup ou progressivement? Comment avons-nous su trouver cette discipline qui semble si mystérieuse pour tant de salariés? Quand avons-nous appris à dire non? Comment avons-nous su gérer l'angoisse de ne plus recevoir une paye le jeudi? Quelles erreurs aurions-nous pu éviter? Qu'avons-nous fait quand nous avons réalisé que nous avions, nous aussi, besoin de vacances? Comment avons-nous affronté les préjugés à l'endroit des travailleurs autonomes?

Pour répondre à ces questions, nous avons élargi notre groupe de discussion virtuel à une quinzaine de travailleurs autonomes de tous les horizons. Nous avons interrogé quelques «superstars» à leur compte, comme le compositeur FM Le Sieur, la nutritionniste Isabelle Huot, l'auteure India Desjardins et la reine des médias sociaux, Michelle Blanc.

Pour refléter la situation du plus grand nombre, nous avons aussi recueilli les témoignages de gens moins connus: un ébéniste, une courtière immobilière, un ostéopathe, une instructrice de Pilates et d'autres[*]. Tous ont du succès dans leur domaine respectif.

_____

[*]*Pour la liste des personnes interviewées, voir p.182.*

Nous avons rapidement constaté que, même si leurs métiers étaient différents, une photographe pouvait inspirer une maquilleuse et un architecte pouvait influencer une styliste par leur façon de faire, par leur petit modèle d'affaires.

Ce qui nous intéressait, au fond, c'était de parler à des gens qui travaillent seuls de chez eux pour voir comment ils structurent leur travail sans avoir un patron sur le dos.

Pour donner un peu de crédibilité à nos témoins, parfois même pour les contredire, nous avons également fait appel à des spécialistes. Comptable, conseiller en sécurité financière, psychologue, courtière hypothécaire, experts de la gestion du temps et de l'entrepreneuriat, etc. Plusieurs d'entre eux étaient ravis de s'exprimer sur la chose, étant eux-mêmes leur propre patron.

Il faut dire que nous avons eu l'embarras du choix lorsque est venu le temps d'interviewer des travailleurs autonomes. Statistique Canada en recensait en 2011 pas moins de 545 000 au Québec*, soit près de 14 % de tous les travailleurs.

On trouve dans cette catégorie le travailleur autonome classique qui déclare des revenus provenant de plusieurs sources et qui déduit des dépenses liées à

---

*http://www.statcan.gc.ca/tables-tableaux/sum-som/l02/cst01/labor64-fra.htm

sa pratique professionnelle. Il n'a pas d'employeur ni d'employés. Bien sûr, il n'a pas non plus de vacances payées, de journées de maladie payées ni d'horaire établi.

On trouve aussi le travailleur autonome qui s'est incorporé, seul ou avec d'autres partenaires. Cela ne l'empêche pas de travailler majoritairement de chez lui. Il peut avoir des employés ou pas.

Toutes ces personnes ont en commun le fait de travailler à leur compte : qu'elles aient créé une compagnie ou non, elles sont responsables de leurs rentrées d'argent.

Ainsi, le salarié qui travaille à l'occasion de la maison trouvera certainement quelques trucs dans cet essai pour mieux gérer ses journées de télétravail.

Ceux qui combinent les métiers, comme les acteurs-musiciens-baristas ou les facteurs-auteurs-instructeurs de yoga pourront aussi y trouver leur compte.

Ce livre s'adresse également à tous ces salariés qui nous envient de pouvoir faire l'épicerie en dehors des heures de pointe ou d'aller chez le dentiste sans avoir à demander la permission au patron. Ceux qui rêvent en secret de dire « *Bye-bye, boss* » et aimeraient bien voir comment nous nous y sommes pris.

Et enfin, oui! Ce livre d'adresse aussi aux parents de jeunes entrepreneurs, inquiets de voir que leur progéniture n'a pas encore de «vrai travail». Parce que, oui, c'est possible de «réussir» en faisant sa petite affaire.

Nous ne croyons pas qu'il y ait une seule bonne façon de faire les choses, mais qu'il y a certainement du bon à tirer de l'expérience de tous les travailleurs autonomes et spécialistes interviewés dans cet ouvrage.

Bref, ce livre n'a pas l'ambition de vous expliquer comment donner votre démission et devenir riche et libéré. Mais, qui sait, ça pourrait toujours vous arriver.

CHAPITRE 1

LES MYTHES ENTOURANT LE TRAVAILLEUR AUTONOME

La réalité du travailleur autonome semble bien difficile à comprendre pour plusieurs salariés traditionnels. Pour certains, il est un pauvre chômeur vivotant entre deux contrats. D'autres le considèrent plutôt comme une sorte de prince se gavant de raisins, faisant la grasse matinée et parvenant, par un quelconque mystère, à générer des revenus tout en restant chez lui. Ainsi, le travailleur autonome se fait souvent demander : «As-tu un peu de travail ces temps-ci?» comme si sa vie ne consistait qu'à trouver de quoi survivre jusqu'au prochain contrat. Ou : «Est-ce que je te réveille?» lorsqu'on l'appelle le matin.

Pourtant, vous entendrez rarement un travailleur autonome dire à un salarié, avec un peu de pitié dans le regard : «Ça doit être difficile d'y arriver avec votre simple salaire d'employé.» D'où vient cette condescendance à l'égard des travailleurs autonomes? Les plus anxieux projettent probablement leurs propres craintes de vivre dans l'insécurité financière, diraient des auteurs de psycho-pop. Les plus envieux voient certainement dans le travail autonome l'accomplissement d'un rêve romantique de liberté. En fait, la réalité se situe probablement quelque part entre ces perceptions cauchemardesque et idyllique du travail autonome.

Comme tous les préjugés, cette incompréhension de la nature du travail autonome provient sûrement d'une mauvaise connaissance de la chose. C'est pourquoi nous avons cru bon de rétablir les faits quant à certains mythes entourant notre réalité.

MYTHE N°1 :
ON FAIT ÇA EN ATTENDANT DE TROUVER UN VRAI TRAVAIL

Imaginez que vous travailliez enfin à votre compte, dans le domaine que vous avez choisi. Après quelques mois, voire quelques années, un proche vous pose la question qui tue: «Vas-tu un jour trouver un vrai travail?»

Il est encore difficile pour le père de la photographe Dominique Lafond de concevoir que sa fille puisse vivre confortablement de son art. « Il ne réalise pas à quel point peu d'élus réussissent, comme moi, à faire ça à temps plein », explique-t-elle. Isabelle Huot se souvient aussi que ses parents auraient souhaité qu'elle travaille pour Santé Canada ou qu'elle devienne professeure à l'université, mais la nutritionniste n'a jamais imaginé vivre autrement qu'à son compte.

Plusieurs parents s'inquiètent ainsi du sort de leur enfant. Tous voudraient qu'il soit employé d'une grande entreprise offrant une grosse caisse de retraite et de bonnes assurances. Le fait de se réaliser professionnellement ou d'occuper un emploi vraiment intéressant semble souvent être une préoccupation secondaire.

Parfois, c'est à votre conjoint que vous devrez faire accepter et comprendre votre statut de travailleur autonome. Il n'est pas toujours évident d'expliquer votre décision de devenir illustratrice indépendante à un infirmier syndiqué.

À la pige, les engagements se suivent, mais ne se ressemblent pas toujours. Alors que de nouveaux contrats arrivent, d'autres se terminent. Nathalie Béland, coordonnatrice culinaire, remarque que ses amis la prennent parfois en pitié lorsqu'elle finit un contrat. « Pour moi, ce n'est pas triste. Quand j'accepte un mandat, je sais à quel moment il se terminera », dit-elle. Le travailleur autonome parvient habituellement à gérer l'inquiétude que pourrait susciter une période creuse, ce qui n'est pas toujours le cas de son entourage.

C'est fou, par contre, comment votre choix de carrière a soudainement plus de sens quand vos proches voient votre nom à la télévision, dans un journal ou un magazine. Souvent, ce n'est que lorsque votre réussite est vraiment tangible que vos proches sont fiers de vous. La mère de la maquilleuse Jennifer Dionne s'est inquiétée quand elle a su que sa fille n'avait pas l'intention de trouver un emploi stable. Son opinion a changé le jour où elle a vu sa fille dans le *7 Jours* avec le chanteur Wilfred LeBouthillier.

En fait, pour plusieurs travailleurs autonomes, avoir un « vrai travail » serait loin d'être une promotion. Ils se contentent de rire dans leur barbe lorsqu'un employeur, croyant leur faire une faveur, leur offre un emploi rémunéré à la moitié de ce qu'ils gagnent dans leur situation prétendument précaire. Un classique.

LES TRAVAILLEURS
VOLONTAIRES ET INVOLONTAIRES

En réalité, il existe un type de travailleurs autonomes qui fait vraiment ça en attendant : le travailleur autonome involontaire.

- Les travailleurs autonomes involontaires sont toujours à la recherche d'un emploi.

- Il y a beaucoup plus de travailleurs autonomes volontaires en situation de réussite (un revenu minimum de 40 000 $ par année une fois les dépenses déduites) que de travailleurs autonomes involontaires.

-Louis Jacques Filion, spécialiste de la création d'entreprises et professeur aux HEC à Montréal

MYTHE N°2 :
ON ARRIVE DIFFICILEMENT À EN VIVRE

Il semble en effet difficile pour certains de croire qu'on puisse générer de bons revenus sans s'astreindre à la réalité des postes de travail modulaires. Comme s'il fallait absolument souffrir pour acquérir un certain confort financier.

« Les gens regardent notre belle maison et ils se disent sûrement que c'est grâce au salaire de mon conjoint que nous pouvons la payer », raconte Karine Laperrière, traductrice. Un autre classique ! C'est vrai, bien gagner sa vie en faisant sa petite affaire chez soi continue d'étonner. Une fois par mois, Dominique Lafond rencontre quelqu'un qui se surprend qu'elle arrive à gagner sa vie uniquement grâce à ses photos.

Ceci explique peut-être en partie le besoin qu'ont certains travailleurs autonomes de parader en Alfa Romeo ou d'inviter leurs amis chez Toqué !

En fait, selon une étude de Statistique Canada publiée en 2011[*], les travailleurs autonomes seraient en moyenne près de trois fois plus riches que les salariés. Statistique Canada explique cet écart par le fait que les travailleurs autonomes auraient un rapport totalement différent avec l'argent. Puisque leurs revenus fluctuent davantage et qu'ils sont moins susceptibles

_____
[*]http://www.statcan.gc.ca/daily-quotidien/110923/dq110923a-fra.htm

d'avoir accès à une caisse de retraite, l'accumulation d'un patrimoine financier est un aspect important pour eux. Selon cette même étude, comme ils ont plus d'argent à gérer, les travailleurs autonomes sont plus enclins que les employés à bien se renseigner sur les finances.

Cela dit, tous les travailleurs autonomes ne sont pas millionnaires. Comme dans toutes les sphères de la société, certains sont plus riches que d'autres, en raison de leur productivité ou des caractéristiques propres à leur industrie. Certains acceptent simplement que le domaine qu'ils ont choisi, disons la poésie ou le macramé, comporte moins d'occasions de s'enrichir.

En réalité, les travailleurs autonomes se divisent en deux catégories : ceux qui travaillent presque sans arrêt pour obtenir au bout de l'année le plus gros salaire possible et ceux qui sont bien contents d'avoir un salaire tout à fait honorable sans devoir travailler 40 heures par semaine. D'autres naviguent entre ces deux extrêmes. Souvent, ce sont les aléas de la vie qui dictent la cadence : on met les bouchées doubles en période de grande affluence et on en profite pour se détendre lorsque le téléphone sonne moins.

Quoi qu'il en soit, le travailleur autonome est comme une entreprise : lorsqu'il n'est pas rentable, il doit s'interroger sur ses stratégies, sur son avenir et sur son désir de poursuivre sa carrière de façon indépendante. Et s'il réalise que sa situation financière se détériore au lieu de s'améliorer, il pourra toujours espérer qu'un employeur, dans sa magnanimité, lui accorde le privilège de retourner au «9 à 5».

MYTHE N°3 :
ON MÈNE UNE VIE INSTABLE

Pour certains salariés, l'incertitude semble être le pire cauchemar associé au statut de pigiste. C'est sûr que, lorsqu'on reçoit la même paye tous les jeudis depuis 25 ans, on se demande comment il pourrait en être autrement. Pourtant, rares sont les employés qui sont véritablement à l'abri d'un licenciement.

Pour l'ethnologue Alexandre Enkerli, les gens ont tellement peur de l'insécurité et de l'instabilité que, au lieu de trouver des solutions, ils agissent directement sur leur peur en acceptant l'emploi qui leur apparaît le plus stable. «Or, la plus grande stabilité, en 2013, c'est peut-être, au fond, de créer son propre travail», dit-il.

Contrairement à un employé tributaire des restructurations de l'entreprise pour laquelle il travaille, un travailleur autonome contrôle tous les aspects de ses activités. Il peut se redéfinir rapidement en fonction de la demande du marché.

Pour répondre aux fluctuations de la demande, Karine Laperrière s'est diversifiée en acquérant trois titres: traductrice, interprète et sténographe. La nature de son travail change, ce qui lui assure de pouvoir varier ses sources de revenus et de maintenir une certaine stabilité dans ses activités.

Le travail autonome, grande source de stabilité professionnelle? Pourquoi pas? Plusieurs travailleurs autonomes sont un peu de cet avis. En fait, la plupart constatent rapidement qu'une certaine routine s'installe dans ce que beaucoup appellent de «l'insta-bilité». Des clients deviennent des habitués, et vous apprenez à les connaître. Un ferme toujours boutique pendant les fêtes. Un autre ne vous commande rien l'été, mais soyez frais et dispo à la fin d'août parce qu'il rappliquera en force. Vous perdez un client, mais vous avez de nouvelles propositions. Comme on dit, un de perdu, 10 de retrouvés.

Il reste que certaines années peuvent être particu-lières. Les revenus d'Isabelle Huot peuvent exploser lorsqu'un de ses livres connaît un gros succès en librairie. Toutefois, ses autres revenus sont plutôt stables.

Oui, c'est vrai, l'agenda se remplit parfois à une semaine d'avis, et il faut savoir se retourner rapidement. Mais à en juger par le nombre d'heures que plusieurs personnes interviewées pour ce livre investissent dans leur travail chaque semaine, l'agenda a plutôt tendance à se remplir un peu trop. Et l'important, c'est qu'il soit rempli, non ?

MYTHE N°4 :
ÇA PREND UNE DISCIPLINE DE FER

Plusieurs employés se demandent comment ceux qui sont à leur compte parviennent à travailler de la maison alors que les distractions sont infinies et que personne ne les surveille. C'est vrai qu'il faut être discipliné pour travailler de la maison, mais ce n'est rien d'extraordinaire ni d'inaccessible. Après tout, un patron n'est pas toujours en train de surveiller ce qu'un salarié fait au travail.

En fait, lorsqu'on travaille à son compte, on envisage normalement une nouvelle façon de planifier ses journées. On n'a plus à exaucer les demandes du patron sans se poser de questions. On entre en mode autonomie et on organise son temps pour atteindre des objectifs qu'on s'est soi-même fixés. Certains d'entre nous sont si autonomes qu'ils font tout par eux-mêmes, de l'embouteillage de leur bière maison à la gestion de leur caisse de retraite. Toutefois, pas besoin d'aller jusque-là. Il s'agit tout simplement de prendre vos responsabilités.

Être autonome ne signifie pas être laissé à soi-même. «Lorsqu'on est à son compte, le client se substitue au patron et donne des échéanciers et des contraintes. Dans certains secteurs où les clients sont très exigeants en matière d'échéancier, le travailleur autonome aura tendance à être plus encadré», explique Diane-Gabrielle Tremblay, spécialiste de l'organisation du travail à la TÉLUQ.

Si vous souhaitez écouter un match de la coupe du monde de soccer en plein après-midi, vous pourrez sûrement le faire. Par contre, vous devrez mettre les bouchées doubles à un autre moment pour compenser, parce que l'échéancier sur lequel vous vous êtes entendu avec votre client ne sera pas repoussé. À moins, peut-être, qu'il soit lui-même un grand amateur de soccer! Cela dit, la télé devrait préférablement rester éteinte durant les heures allouées au travail.

Si vous associez maison et oisiveté, vous devrez peut-être réajuster votre tir. Devenue travailleuse autonome à 19 ans, l'auteure India Desjardins a dû complètement changer son rapport à la maison.

«Ça a été une grosse adaptation, parce que, quand t'es jeune, quand t'es à la maison, c'est soit que t'es en congé, soit que t'es malade. C'était bizarre de travailler, mais, à un moment donné, j'ai fait le choix de la discipline.» Et de la discipline, India en a toute une. «Je me lève, je déjeune et je travaille. Une fois seulement que j'ai atteint mon objectif, je passe à autre chose.»

D'après la psychologue Julie Ménard, les gens organisés, consciencieux et pour qui le respect des délais est important ont plus de chances de réussir à travailler de la maison que les autres.

MYTHE N°5 :
ON FAIT LA BELLE VIE

Est-ce une pointe de jalousie qui porterait nos amis les salariés à croire que nous passons nos journées à ne rien faire? C'est vrai, nous sommes plusieurs parmi les travailleurs autonomes à expérimenter la productivité en pyjama, mais ça ne veut pas dire que nous sommes oisifs. Au contraire.

Même si Isabelle Huot travaille normalement 12 heures par jour et qu'elle a longtemps travaillé sept jours sur sept, lorsqu'elle croise des gens dans son immeuble en plein milieu de la journée, ils pensent immanquablement qu'elle est en vacances ou qu'elle a pris une journée de congé.

D'autres concluent, en voyant seulement le résultat final, que la personne à son compte travaille peu. Plusieurs croient que le travail de Dominique Lafond est terminé lorsqu'elle clique sur le bouton de son appareil photo. Or, on ne saurait sous-estimer la quantité de travail requise en amont et en aval des résultats obtenus. Un scénariste peut bosser plusieurs mois sur une série télévisée avant qu'elle voie le jour, si, évidemment, elle voit le jour. Décrocher un contrat, négocier un cachet, organiser une réunion, se rendre à une entrevue, effectuer des corrections, facturer les clients et tenir sa comptabilité à jour font aussi partie du boulot du travailleur autonome même si c'est moins visible.

Parmi les travailleurs autonomes rencontrés, aucun ne nous a dit qu'il se levait habituellement à midi et qu'il travaillait seulement quelques heures dans l'après-midi. Le travailleur autonome est constitué comme les autres êtres humains, finalement. Certains sont très matinaux, d'autres se lèvent plutôt vers 7 h 30, ou, même, attention, vers 8 h 30! Certains préfèrent même travailler le soir.

Bref, ce n'est pas parce qu'on travaille en «mou», dans le confort de son foyer, qu'on travaille moins que les autres ou encore qu'on fait constamment la sieste. Lorsque les clients appellent, il se peut qu'on soit en train de s'entraîner, d'acheter quelques provisions à l'épicerie ou de préparer le dîner. Ça, c'est soit parce qu'on a passé la nuit à terminer un travail, soit parce qu'on juge tout simplement plus commode de fréquenter l'épicerie avant l'heure de pointe.

Des gens s'imaginent aussi fort probablement que donner des cours de Pilates est une façon très rentable de garder la forme. Si certaines personnes croient qu'on ne travaille pas vraiment, c'est peut-être parce qu'on fait un boulot tellement passionnant qu'il n'apparaît pas comme du travail. Or, qui a dit qu'un travail devait absolument être ennuyant ? Oui, on travaille fort, mais, oui, on fait aussi la belle vie parce qu'on aime notre travail. Et on ne voit pas ce qu'il y a de mal là-dedans.

CHAPITRE 2

ÊTRE SON PROPRE PATRON : LES BONS...ET LES MOINS BONS CÔTÉS

Maintenant que nos parents sont rassurés d'apprendre que nous ne crevons pas de faim et que nos clients savent que nous ne faisons pas la grasse matinée alors qu'ils attendent notre ouvrage, passons aux choses utiles à savoir lorsqu'on se lance à son compte : quels en sont les avantages et les inconvénients ? Puisque nous sommes des filles enthousiastes, commençons par les points positifs.

LES AVANTAGES

Être maître de son temps

Voilà l'avantage qui revient probablement le plus souvent chez les gens que nous avons interviewés pour ce livre. Les travailleurs à leur compte aiment pouvoir gérer leur temps comme bon leur semble. Gérer soi-même son temps, c'est ne pas avoir à demander de permission spéciale pour prendre une heure de lunch prolongée. C'est pouvoir quitter son bureau en plein après-midi lorsque l'efficacité n'est pas au rendez-vous plutôt que d'avoir à faire acte de présence jusqu'à 17 h. C'est avoir la possibilité de prendre un vendredi après-midi de congé et d'étirer sa fin de semaine jusqu'au lundi midi. C'est pouvoir travailler un jour férié si on veut, mais ne pas être obligé de rentrer au travail le 24 décembre juste parce qu'il s'agit de la politique de l'entreprise. Bref, c'est être autonome.

Cette gestion du temps, c'est la liberté du travailleur autonome. Et après y avoir goûté, la plupart sont incapables de vivre sans. L'ébéniste Guillaume Ménard ne travaillerait plus à heures fixes. « Arriver tous les jours à la même heure, ça me pèse et ça me donne l'impression que les journées sont plus longues. En adoptant un horaire qui me convient, je peux travailler 12 heures d'affilée sans m'en rendre compte ! » Maquilleuse sur des plateaux de tournage, Jennifer Dionne adore aussi ses horaires de pigiste. « Ce n'est pas stable et c'est exactement ce que je recherche. Le 9 à 5, ça me fait capoter. C'est beaucoup trop de stabilité ! »

Gérer son propre horaire, c'est aussi avoir la possibilité de respecter un peu plus son rythme biologique personnel. Chers salariés, imaginez que vous puissiez vous débarrasser de l'un des éléments les plus perturbants de votre chambre à coucher : votre réveille-matin. Le faire disparaître, ça change une vie. Ça a été le cas du moins pour l'auteure India Desjardins, une lève-tôt naturelle, qui a décidé de suivre son propre cycle de sommeil.

Les oiseaux de nuit peuvent également travailler lorsque l'inspiration se pointe, tard le soir. Les lève-tôt peuvent quant à eux cesser de travailler à 15 h sans subir le regard réprobateur de leurs collègues qui ont commencé 2 heures plus tard.

Ça, c'est si et seulement si on juge qu'une journée de travail doit absolument compter sept ou huit heures ! Plusieurs travailleurs autonomes nous ont avoué faire de plus petites journées à l'occasion, soit parce qu'ils ont mis les bouchées doubles la veille, soit tout simplement parce que la météo les invite à l'extérieur ou parce que leur volume de travail le permet à ce moment. Si on annonce un samedi et un dimanche pluvieux, mais un beau début de semaine, pourquoi se priveraient-ils de décaler leur fin de semaine de quelques jours ? En fait, la « semaine » et le « 9 à 5 » sont des notions à paramètres très variables pour les travailleurs autonomes.

De toute façon, soyons honnêtes : qui peut se targuer d'être véritablement efficace huit heures d'affilée à part Gregory Charles ?

« Dans une journée de huit heures de travail en entreprise, j'étais peut-être réellement efficace seulement quatre ou cinq heures. Je suis beaucoup plus productif à la maison, et j'ai plus de temps pour faire autre chose », estime Alexandre Shareck, architecte.

Il prend ainsi deux ou trois heures de pause à l'occasion. Demandez donc à votre patron s'il vous permettrait d'en faire autant.

Pouvoir gérer son temps à sa guise est un grand avantage pour plusieurs travailleurs autonomes. Par contre, il représente aussi un défi de motivation pour certains. Plusieurs personnes ont besoin d'une heure précise à laquelle commencer leur travail, sinon elles repoussent constamment le moment de s'y mettre. La liberté en matière d'horaire devient alors une source de stress, selon la psychologue et professeure au département de psychologie de l'UQAM Julie Ménard.

Concilier travail, famille et lavage

Quand on pense à la conciliation travail-famille, en général, on se demande comment passer plus de temps avec ses enfants. Chez les travailleurs auto-nomes, il arrive qu'on aborde la chose d'un angle tout à fait différent : comment travailler de la maison sans se faire constamment déranger par le reste de la famille ?

Plus facile ou plus difficile, donc, de concilier travail et autres obligations lorsqu'on est à son compte ? C'est vrai, il est laborieux pour certains de travailler avec les disputes des enfants ou en sachant que le linge propre attend d'être plié. Pourtant, la plupart des travailleurs autonomes classent plutôt la conciliation des occupations du côté des avantages de leur condition.

Ainsi, l'ostéopathe Jean-Charles Bouchard n'a pas à quitter le travail pour assurer une présence à la maison lorsque sa fille revient de l'école. Il peut même aller la saluer entre deux patients. Lorsque son dernier client part à 17 h, l'ostéo-pathe est avec sa famille à... 17 h 01 ! La traductrice Karine Laperrière planifie pour sa part son horaire en fonction des quarts de travail de son conjoint. Un avantage de la grande latitude que les travailleurs auto-nomes possèdent en matière de gestion du temps.

Alexandre Shareck considère que son stress a beau-coup diminué depuis qu'il est son compte. Il est plus disponible pour sa famille. Cela lui permet de vivre une foule de beaux moments avec ses enfants, chance que n'ont pas tous les parents. «Si la garderie a besoin de parents accompagnateurs pour aller au zoo, j'y vais! J'ajuste mon horaire en conséquence», dit-il.

Par contre, être plus disponible peut également signifier qu'on en fera plus à la maison. Si l'un de ses enfants est malade, c'est Alexandre qui en prend soin. C'est aussi souvent lui qui s'occupe de la lessive, des courses et de la préparation des repas.

Plusieurs salariés évoquent justement les distractions ménagères comme un facteur qui pourrait les empêcher de réussir à travailler de la maison. Ceux-ci estiment qu'ils seraient beaucoup trop tentés de faire une brassée de lavage ou de donner un petit coup d'époussetage pour être productifs dans leurs tâches professionnelles. Curieusement, pour la plupart des travailleurs autonomes, il s'agit en réalité d'un solide avantage.

Travailler de la maison permet en effet d'accomplir quelques tâches ménagères au cours de la journée. Pendant l'entrevue téléphonique qu'elle a accordée pour ce livre, Isabelle Huot a demandé à un moment donné si on l'entendait toujours: elle avait la tête dans la sécheuse!

Toutefois, dans un couple où l'un des deux partenaires peut gérer son temps comme bon lui semble, les attentes en matière domestique sont généralement plus élevées pour celui qui travaille à la maison. Considéré à tort comme toujours disponible, le travailleur autonome écope souvent des tâches ménagères, comme si ce qu'il faisait durant la journée n'était pas du vrai travail. Il revient donc à chacun de fixer ses limites et de rappeler à l'autre qu'on bosse aussi le jour !

Parce que travailler de la maison ne fait pas de nous des aides domestiques à temps partiel. Par exemple, si vous croyez pouvoir travailler à la maison le jour tout en vous occupant de vos enfants, il faudra sûrement revoir vos attentes. Lorsque ses enfants étaient petits, la journaliste Danielle Laurin se souvient qu'ils venaient la voir en arrivant de l'école. « C'est normal, mais je devais ensuite leur dire "Maman travaille !" » Pour faciliter la conciliation travail-famille, une gardienne prenait soin des enfants à leur retour de l'école.

Aujourd'hui, les travailleurs autonomes peuvent être admissibles, comme les salariés, aux prestations du Régime québécois d'assurance parentale. Évidemment, ils peuvent aussi compter sur le réseau des garderies, à condition d'avoir trouvé une place pour leur enfant. Une fois le miracle accompli, la plupart des travailleurs autonomes se prévalent de ces services de garde, de façon à pouvoir vraiment travailler de la maison. En réalité, plusieurs parents nous ont indiqué qu'à ce chapitre il y avait très peu de différences entre le statut de salarié et celui de travailleur autonome. Aller chercher son enfant à la garderie, que ce soit du bureau ou de la maison, c'est à peu près pareil. Sauf peut-être qu'à la maison personne n'est là pour vous envier de partir à 16 h 30.

Dans certains domaines, toutefois, la conciliation travail-famille peut s'avérer plus difficile. Mère de deux enfants, la courtière immobilière Marie-Claude Palassio trouve que son travail lui laisse peu de temps pour sa famille. « Si j'ai une promesse d'achat à présenter à 20 h, je ne peux pas refuser d'y aller parce qu'il faut que je donne une dictée à ma fille ! » Le moment sacré qu'elle consacre à sa famille est le déjeuner. Chaque matin, elle s'accorde 45 minutes avec ses enfants.

Pas de patron sur le dos

Dans l'expression « travailleur autonome », le mot « autonome » revêt une importance capitale. C'est ce qui nous rend maître de notre destinée, responsable de nos succès comme de nos échecs. Aucun patron ne nous dicte de procédures à suivre et ne nous rappelle les politiques parfois absurdes de l'entreprise. Aucun supérieur ne nous infantilise en scrutant nos heures d'arrivée et de départ. Nous pouvons donc vaquer à nos occupations comme bon nous semble, sans jamais nous inquiéter d'être pris en flagrant délit de jouer une partie de Démineur entre deux tâches.

Un patron ne nous dira jamais non plus de consacrer plus de temps au démarchage pour lui trouver plus de clients. Nous savons très bien ce que nous devons faire pour trouver NOS clients. Instructrice de Pilates, Maude Smith Gagnon se sent plus en contrôle de son travail en étant à son compte. Dans un gym, elle est dépendante des inscriptions et, s'il n'y en a pas suffisamment, le cours est annulé. Lorsqu'elle donne un cours chez elle, même si elle est tout aussi dépendante du nombre d'inscriptions, elle peut faire des efforts pour en trouver davantage.

En quelque sorte, travailler à son compte, c'est être propriétaire de son travail. C'est donc travailler à notre propre satisfaction, selon nos propres critères, pour atteindre des objectifs qui nous tiennent vraiment à cœur. Peut-être que certains salariés prennent aussi vraiment à cœur le succès de l'entreprise pour laquelle ils travaillent. Mais nous, nous ne serons jamais convoqués en évaluation pour nous faire féliciter de rapporter plus à l'entreprise que ce que nous gagnons en salaire ! Tous les profits que nous engendrons nous reviennent.

Ne croyez pas, par contre, que les travailleurs autonomes n'ont de comptes à rendre à personne. Comme le dit si bien la journaliste littéraire Danielle Laurin : « On n'a pas un patron, on en a 10 ! » C'est vrai, lorsqu'on est à son compte, chacun de ses clients a des attentes et peut être considéré comme un patron à satisfaire. La grosse différence, c'est qu'il n'est pas sur notre dos ! Et, contrairement au patron, le client est en relation d'affaires avec le travailleur autonome. Rien n'empêche donc ce dernier de cesser de faire affaire avec un client jugé trop capricieux, trop lourd à gérer ou agissant comme s'il était… le patron.

Nous jouissons donc d'une grande autonomie, nous travaillons à notre bénéfice et non à celui d'un patron, mais surtout, nous pouvons faire à notre tête, sans jamais avoir à faire valider nos décisions par d'autres. De toute façon, plusieurs d'entre nous sont beaucoup trop déterminés pour se faire dicter leur conduite. C'est ce qui a mené Michelle Blanc qui, de son propre aveu, a une « grande gueule », à travailler en solo.

Une économie de temps

Selon l'Enquête sociale générale de 2010 de Statistique Canada[*], toutes régions et tous types de transports confondus, les travailleurs canadiens ont consacré en moyenne 26 minutes par jour pour se rendre au travail. En comptant le retour, c'est près d'une heure par jour qui est consacrée au transport. Si vous faites le calcul, cela donne cinq heures par semaine. Cinq heures durant lesquelles il est à peu près impossible d'accomplir quoi que ce soit. Voilà cinq heures que les travailleurs autonomes aiment avoir à leur disposition.

Et ce n'est pas comme si les heures consacrées au transport nous semblaient être des moments de qualité. L'heure de pointe ? La congestion sur le pont Champlain ? Les wagons de métro bondés ? L'odeur ? Le covoiturage avec un collègue casse-pied ? Les cascadeurs du dimanche envahissant les pistes cyclables du lundi au vendredi ? Non merci ! En sortant du lit, nous sommes déjà prêts à travailler, quitte à faire se chevaucher le déjeuner et la gestion des courriels. Quant aux repas, ils se passent de complications : pas de lunchs à prévoir ni de détours au resto. Il est même possible de préparer le souper entre deux entrevues ou deux clients.

---

[*]*http://www.statcan.gc.ca/pub/11-008-x/2011002/article/11531-fra.htm*

En plus de nous éviter quelques cheveux blancs liés au stress causé par les transports et les repas, nous gagnons en efficacité en nous épargnant les cancans de bureau. Qui a réellement besoin de savoir que c'est Monique qui ne met jamais d'argent dans le pot à café? Et surtout, qui veut consacrer de précieuses minutes à cette question? Lorsqu'elle travaillait dans un bureau, India Desjardins ne comprenait pas comment ses collègues arrivaient à accomplir leurs tâches. «Ils venaient toujours jaser!» se souvient-elle. Et même si elle appréciait ces contacts humains, elle ne pouvait que constater qu'étant constamment interrompue, elle prenait beaucoup plus de temps à compléter son travail.

À ces rencontres informelles, ajoutons toutes les réunions auxquelles il faut assister (sans que ce soit nécessairement pertinent) et les distractions causées par des collègues trop enthousiastes de nous montrer leur dernière trouvaille sur YouTube. À la maison, il est possible de travailler de manière plus efficace et ainsi de consacrer plus de temps aux loisirs, à la famille, ou… à regarder une vidéo très drôle sur YouTube. À nous de décider.

Ce qui plaît le plus à Michelle Blanc, c'est le temps qu'elle économise en «grimage». Où est le besoin de se faire une beauté quand on n'a personne à rencontrer dans une journée? À la maison, se faire le contour des lèvres est, disons, plutôt facultatif. Finis, aussi, les talons, le tailleur, la chemise, la cravate.

Travailler en mou

Si on imagine les gens travailler de la maison en costume de jogging ou en robe de chambre, c'est parce que c'est vrai pour plusieurs d'entre eux. Pensez-y. Ça ferait un peu bizarre, non, de s'installer en tailleur et talons hauts seule chez soi, toute la journée devant son ordinateur?

Plusieurs travailleurs autonomes optent donc pour des vêtements plus confortables. Le matin, par exemple, la tendance est au pyjama. Si, pour certains, il s'agit tout simplement d'une question de confort, pour Michelle Blanc, c'est une question d'efficacité. En raison du décalage horaire avec la France, qui comprend une partie de sa clientèle, elle préfère travailler de 7 h à 9 h, un moment crucial pour être productive, plutôt que de prendre du temps pour s'habiller. Beaucoup sont aussi plus productifs lorsqu'ils passent directement du lit à l'ordinateur, quitte à s'habiller un peu plus tard.

Certaines personnes vont jusqu'à dire qu'elles sont plus efficaces en linge mou, même passé 14 h! D'autres sont plutôt réfractaires à se laisser aller à cet... amollissement. « S'il est déprimant pour une femme qui vient d'accoucher de ne pas s'habiller le matin, ça l'est aussi pour un travailleur autonome », estime la photographe Dominique Lafond. D'autres encore se sont concocté leur propre politique vestimentaire : jamais en mou passé midi. C'est vrai que s'habiller convenablement aide parfois à se prendre plus au sérieux dans son travail.

Alexandre Shareck ne travaille pas en survêtement : il aime beaucoup trop s'habiller pour ça. Il opte toutefois pour des vêtements confortables : jean et t-shirt. Mais, en grattant un peu, nous avons réussi à lui faire avouer que, lorsqu'il fait du sport à midi, il choisit parfois, après la douche, des vêtements encore plus confortables : bermuda et t-shirt.

Pouvoir faire plus d'argent

Lorsque les travailleurs autonomes comparent leur situation financière à celle de leurs collègues et amis salariés, ils sont souvent forcés de constater que, pour un travail similaire, c'est généralement plus payant d'être à son compte.

Plusieurs travailleurs autonomes ont été étonnés de voir la valeur de leur travail augmenter à la pige. En recevant leur chèque, ceux qui font le calcul à l'heure peuvent avoir de petites surprises... à la hausse. Par contre, c'est vrai, avec ces rentrées d'argent importantes, il faut prévoir les creux, les vacances et les jours de maladie non payés.

Mais il n'y a pas que le salaire qui soit meilleur lorsqu'on travaille pour soi. Plusieurs autres petits avantages financiers sont à considérer, comme les déductions pour frais de transport et de restaurants.

Comme il n'a pas à se déplacer, Jean-Charles Bouchard peut accepter un patient de plus par jour et être avec sa famille à la même heure que s'il avait travaillé à l'extérieur de la maison. Travailler de chez lui a aussi l'avantage d'éliminer les frais de loyer professionnel à louer. « Cet argent-là, je préfère le mettre sur ma maison », dit-il.

Il en va de même pour toutes ces dépenses que l'on effectue à la fois à des fins personnelles et professionnelles. Même si les règles de l'impôt sont très strictes à l'égard de la portion de vos dépenses qui peut être déduite, reste que plusieurs biens achetés à des fins professionnelles peuvent être utilisés aussi à des fins personnelles. L'imprimante, par exemple. Vous vous l'êtes peut-être procurée essentiellement pour le travail, mais vous êtes bien content de l'avoir pour pouvoir imprimer une carte de vœux à tante Yvette ou un itinéraire de vacances. Même chose pour la voiture, le téléphone, l'ordinateur et la tablette électronique (celle qui était évidemment indispensable au succès de votre entreprise).

Ça, c'est sans compter les régimes d'assurances collectives. On paie peut-être un peu plus cher d'assurance personnelle, mais, au moins, on ne paie pas une surprime parce que tout le service des ressources humaines a décidé de profiter grassement des massages à volonté l'an passé. Finalement, une sécurité d'emploi en entreprise, ça coûte cher!

LES INCONVÉNIENTS

Nous devons aussi être réalistes. La vie de travailleur autonome, ce n'est pas toujours rose. Avant de vous lancer à votre compte, vous devriez prendre en considération ces quelques inconvénients.

La solitude

Ne plus avoir à endurer les collègues qui discutent bruyamment à côté de son bureau, c'est intéressant. Sauf que, lorsqu'on travaille de la maison, on est seul. L'isolement est ce qui revient le plus souvent lorsqu'on demande aux gens qui travaillent de la maison ce qu'ils trouvent le plus difficile. L'humain est un animal social, et même les plus sauvages d'entre nous apprécient parfois la compagnie. Plusieurs réalisent que le travail en entreprise comblait une partie de ce besoin.

D'après la psychologue Julie Ménard, le fait d'avoir des collègues de travail est à la fois une source de soutien et de motivation. « Le soutien social est un facteur très important dans la motivation et dans la gestion du stress. Lorsqu'on n'a pas de collègues, il faut aller chercher du soutien social ailleurs. » En psychologie, d'après la théorie de l'autodétermination, trois besoins jouent sur la motivation de l'être humain : l'autonomie, le sentiment de compétence et d'appartenance sociale. Chez quelqu'un qui travaille de la maison, c'est souvent ce dernier aspect qui fait défaut.

Si Internet a facilité le travail à domicile, il a aussi, selon plusieurs, créé un véritable gouffre social. Puisque tout se fait par Internet ou presque, on a de moins en moins à se déplacer pour rencontrer des gens. Les contacts en personne sont donc de plus en plus rares.

Alexandre Shareck trouve que cet isolement est l'aspect le plus difficile dans sa situation d'architecte à la maison. Dans une semaine typique de travail, il ne voit pas grand monde ; un représentant de produits ici et là, et, à l'occasion, il assiste à des soirées dans le domaine du design et de l'architecture. Au moins, il tente de privilégier le téléphone plutôt que les courriels pour communiquer avec ses clients.

Il arrive à FM Le Sieur de se sentir seul dans son studio à la maison. C'est pour cette raison qu'il a choisi son lieu de résidence avec attention. Pour lui, il était primordial de vivre dans un quartier animé où les gens se saluent au café et à l'épicerie. Il tente aussi de garder des contacts humains dans son travail. « J'aime bien que le producteur vienne écouter chez moi ce que j'ai fait, parce que ça me permet de voir sa réaction instantanément. J'essaie de préserver ces moments-là », dit-il.

Plusieurs travailleurs se sont ainsi donné des outils pour pallier ces carences sociales. India Desjardins, par exemple, s'est bâti un réseau d'auteurs avec qui elle dîne à l'occasion. Ensemble, ils se font des *work dates* durant lesquels ils discutent de leurs histoires et de leurs difficultés autour d'un café. Michelle Blanc, quant à elle, se rend souvent au café Laïka, où elle est connue comme Barabbas dans la Passion. D'autres fréquentent assidûment les 5 à 7 de leur milieu professionnel ou vont dîner avec des collègues de temps en temps. On peut aussi partager un espace de travail afin de côtoyer des semblables.

C'est bien d'organiser des trucs avec des collègues lorsqu'on travaille à son compte. Il reste tout de même que, pour plusieurs, il est difficile de se créer une vie sociale très riche au boulot. Pascal Simard, graphiste, prenait le temps d'aller dîner avec son associé lorsqu'il était à son compte, mais, bien que ce dernier fût d'agréable compagnie, il voyait toujours la même personne. Aujourd'hui salarié, il aime manger en groupe, par exemple pour souligner l'anniversaire d'un collègue.

Mais ce n'est pas tout de rencontrer du monde. Plusieurs personnes ressentent le besoin de collaborer. À la pige, il est possible que votre besoin de travailler en équipe ne soit pas comblé. Danielle Laurin souffre parfois de ne pas sentir qu'elle appartient à un groupe. «Je suis toujours seule à batailler. Je ne peux jamais me dire que je fais partie d'une équipe. Personne ne me doit rien.» C'est pourquoi elle trouve stimulant de travailler à l'occasion sur des projets collectifs qui lui apportent un plus grand sentiment d'appartenance. C'est le cas de l'émission *La liste* à ARTV, à laquelle elle participe.

Certains vivent mieux que d'autres la solitude. Pour eux, tisser des liens avec des collègues de bureau n'est ni essentiel ni réellement souhaitable. D'autres jugent avoir une vie sociale extraprofessionnelle suffisamment comblée pour que ce ne soit pas un enjeu. Plusieurs travailleurs autonomes sont aussi en contact constant avec leurs clients. Jean-Charles Bouchard, par exemple, voit plusieurs patients dans une journée, mais ils sont nombreux à lui passer des commentaires sur le fait qu'il interagit peu avec le monde extérieur. «Moi, je peux rester toute la journée à la maison. Je n'ai aucun problème avec ça», dit-il.

Pour les nostalgiques des discussions autour de la machine à café, il y a toujours les réseaux sociaux. Si Internet a réduit les contacts en chair et en os, Facebook et Twitter nous permettent d'être en contact avec plusieurs collègues de travail à la fois. «J'écrivais mes livres bien plus vite lorsque Facebook n'existait pas!» reconnaît India Desjardins.

Une drôle de relation avec votre banquier

Peut-être augmenterez-vous vos revenus en travaillant à votre compte, mais encore faudra-t-il le prouver à votre banquier. Si vous avez un bon comptable, du genre qui déduit les dépenses auxquelles vous n'auriez même pas pensé, votre revenu net risque difficilement d'épater votre banquier. Il se pourrait donc que vous ayez à travailler un peu plus fort pour le convaincre de vous accorder un prêt hypothécaire à la hauteur de vos ambitions.

Quand Jean-Charles Bouchard a voulu acheter son duplex, il a presque dû faire un dessin à la conseillère d'une banque dont nous tairons l'identité, pour lui expliquer sa situation. Elle ne semblait pas comprendre que les deux bureaux loués par lui et sa conjointe constituaient des dépenses professionnelles réduisant de beaucoup leurs salaires respectifs et que ces dépenses n'auraient plus lieu une fois la maison achetée. Ils ont finalement réussi à acquérir la propriété après avoir fait quelques tours de passe-passe tout à fait légaux.

Cela ne signifie pas que l'accès à la propriété est nécessairement difficile pour les travailleurs autonomes. D'après Sylvie Rousson, courtière immobilière hypothécaire chez Multi-Prêts Hypothèques, un travailleur autonome qui éprouve des difficultés à obtenir une hypothèque n'a peut-être tout simplement pas frappé à la bonne porte. «Chaque institution financière a ses critères d'admissibilité et de qualification. Le rôle du courtier hypothécaire est de recommander à son client le bon endroit pour obtenir une hypothèque au meilleur taux en fonction de sa situation», dit-elle, prêchant un peu pour sa paroisse.

5 ÉLÉMENTS À SAVOIR SUR LES PRÊTS HYPOTHÉCAIRES POUR LES TRAVAILLEURS AUTONOMES

1. Pour évaluer votre revenu admissible pour la qualification, l'institution financière fera la moyenne de vos revenus indiqués sur vos deux derniers avis de cotisation du fédéral.

2. La Société canadienne d'hypothèques et de logement (SCHL) n'assure une hypothèque que si le travailleur autonome est à jour dans ses impôts. Or, si vous avez pris une entente avec le gouvernement pour faire des versements après le 30 avril, vous êtes en retard. Mettez votre solde à zéro avant de présenter une demande d'hypothèque.

3. La mise de fonds minimum pour les travailleurs autonomes est la même que celle exigée habituellement pour les autres catégories d'emprunteurs. Pour un condominium, une maison unifamiliale ou un duplex, elle correspond à 5 % du prix de vente.

4. Si les revenus de vos deux derniers avis de cotisation sont trop faibles pour que vous obteniez un prêt hypothécaire, certaines institutions financières proposent des programmes spéciaux pour les travailleurs autonomes. Ils vous permettent par exemple de présenter un revenu admissible raisonnable d'après l'ensemble de votre situation financière, dont vos revenus bruts et vos dépenses admissibles. Par contre, ces programmes imposent certaines conditions d'admissibilité qui peuvent varier, comme une cote de crédit plus élevée, une mise de fonds minimum de 10 %, une prime d'assurance hypothécaire plus élevée.

5. Celui qui n'arrive toujours pas à se qualifier, par exemple parce qu'il n'a pas encore produit deux déclarations de revenus comme travailleur autonome, pourrait obtenir une hypothèque en fournissant une mise de fonds d'au moins 20 %.

-Sylvie Rousson, courtière immobilière hypothécaire

Les rentrées d'argent irrégulières

Comme travailleur autonome, vous devrez dire adieu à la paye tous les jeudis. Au début, plusieurs trouvent difficile de gérer des rentrées d'argent irrégulières. À moins, bien sûr, que vous ne décidiez de vous verser un salaire. Si vous avez un peu la bosse des affaires, vous arriverez avec le temps à créer un fonds de roulement qui vous permettra de maintenir votre train de vie entre deux rentrées d'argent. Mais comme n'importe quelle « entreprise », il se pourrait que vous ne soyez rentable qu'après un moment.

Michelle Blanc l'avoue : ses trois premières années ont été terribles, et les repas de spaghettis sauce tomate, fréquents. C'est grâce au soutien financier de sa conjointe qu'elle a pu passer à travers ces années difficiles. Elle n'est pas la seule à avoir pu bénéficier de *love money* à ses débuts. Plusieurs travailleurs autonomes ne se seraient pas lancés s'ils n'avaient pas pu compter sur leurs proches. Sans nécessairement recourir à ce soutien financier, savoir que ces gens étaient présents pour eux les a rassurés.

Il est bon aussi de savoir, lorsqu'on se lance à son compte, que plusieurs services de soutien sont offerts aux travailleurs autonomes, notamment par les Centres locaux de développement (CLD), les Corporations de développement économique communautaire (CDEC) et le Service d'aide aux jeunes entreprises (SAJE). Ces aides peuvent aller du soutien financier au *coaching* d'affaires, selon votre situation et vos besoins.

Louis Jacques Filion, titulaire de la chaire d'entrepreneuriat Rogers–J.-A.-Bombardier des HEC à Montréal et spécialiste des microentreprises, conseille aux entrepreneurs en herbe de s'entourer d'un bon réseau de pairs. Ils pourront, du moins est-ce à espérer, vous recommander un bon comptable spécialisé dans votre domaine d'affaires et vous raconter comment ils sont passés à travers leurs premières années. Vous pourrez également partager du travail avec eux dans les périodes de surchauffe et ils pourront faire de même avec vous.

En effet, presque tous les travailleurs autonomes que nous avons interviewés pour ce livre ont eu peur parfois de ne pas y arriver financièrement. Cette inquiétude subsiste parfois même après plusieurs années, puisqu'on n'est jamais à l'abri d'une baisse de clientèle.

Lorsqu'il était à son compte, Pascal Simard était constamment préoccupé par son volume de clients. « Quand j'en perdais un, je cherchais à le remplacer. En étant salarié, ce stress-là est disparu », dit-il.

Bien sûr, à moins d'être un fonctionnaire de l'État, et encore, aucun salarié n'est complètement assuré de conserver son emploi à vie. D'une certaine manière, un employé n'a qu'un seul client, dont il est financièrement dépendant. Le travailleur autonome, lui, peut (et doit, idéalement) compter sur plusieurs clients. Selon Louis Jacques Filion, il est important pour un travailleur autonome de se demander si la perte d'un client risque de mettre son activité en péril. Le cas échéant, il doit absolument diversifier ses sources de revenus.

Un boulot envahissant

Lorsque la maison est aussi le lieu de travail, il peut s'avérer plus ardu de décrocher complètement, comme le font plusieurs salariés en rentrant du boulot. À la pige, on ne peut jamais *puncher out*. Pour plusieurs travailleurs autonomes, la frontière entre vie professionnelle et vie personnelle est plutôt floue. La plupart d'entre eux n'ont qu'un seul téléphone, qui sert autant à parler aux clients qu'à leur mère. Difficile de l'éteindre après 17 h ! Certains ont de la difficulté à ne pas répondre au téléphone, même les jours de congé. Pas pour ne pas rater l'appel de maman, mais plutôt pour ne pas passer à côté du contrat du siècle.

Sachant que le téléphone est toujours ouvert, certains donneurs d'ouvrage ne se privent pas de communiquer avec les travailleurs autonomes la fin de semaine. Plusieurs d'entre eux considèrent les pigistes comme une main-d'œuvre toujours disponible. « S'il y a un tournage un dimanche et qu'il y a une situation d'urgence, c'est moi qu'on appelle parce qu'on a mon numéro personnel », constate Nathalie Béland.

Les fins de semaine passées à travailler ne sont pas rares, chez plusieurs personnes à leur compte. On ne peut pas lâcher prise en prétextant que, si la marchandise n'est pas livrée à temps, ce n'est pas notre problème. C'est tout à fait notre problème, et si nous ne respectons pas les échéances, nous en subirons directement les conséquences. C'est ce qui fait de plusieurs travailleurs autonomes les pires patrons pour eux-mêmes. Lorsqu'on est son propre patron, il peut arriver qu'on soit plus sévère envers soi-même que ne le serait un employeur. Un employeur qui vous force à travailler des heures supplémentaires a au moins la décence (du moins, on vous le souhaite) de majorer votre taux horaire !

L'envahissement est d'autant plus concret quand on reçoit des clients ou des employés à la maison. Il peut arriver que l'assistant de FM Le Sieur reste chez lui jusqu'à 21 h un soir de semaine. On remarque aussi que les travailleurs qui reçoivent des gens chez eux dans le cadre de leurs fonctions font face à un enjeu supplémentaire : celui du ménage.

Maude Smith Gagnon reçoit chez elle, plusieurs fois par semaine, des gens qui se roulent par terre pour faire du Pilates! L'appartement doit être nickel en tout temps, si bien que le ménage fait carrément partie de son travail. Mais le pire, c'est lorsqu'elle invite des amis à souper un dimanche : elle angoisse immanquablement pour le ménage puisqu'elle donne des cours le lundi.

Les avantages de travailler de la maison ont ainsi leur pendant négatif. Cette proximité qui évite de devoir se déplacer pour se rendre au travail a aussi un impact sur les proches. Chez Jean-Charles Bouchard, on ne passe pas l'aspirateur au beau milieu de la journée, pas plus qu'on ne démarre le lave-vaisselle. Et lorsque sa fille revient de l'école, pas question de mettre la musique « dans le tapis ». L'environnement doit demeurer propice à la détente des patients. Avec le temps, l'ostéopathe a tout de même amélioré son sort. Avant, ses patients partageaient les toilettes avec la famille, ce qui occasionnait parfois des situations gênantes.

On se fait tout le temps déranger

Puisque beaucoup croient à tort qu'il a plein de temps libre et qu'on ne le dérange jamais, le travailleur autonome devient souvent une sorte de tribune téléphonique pour les âmes esseulées, en vacances ou en congé de maladie. On se sent à l'aise de l'appeler à toute heure du jour pour jaser de tout et de rien. Curieusement, ce sentiment semble être partagé par leurs animaux de compagnie, mais ça, c'est une autre histoire.

Nathalie Béland estime que la moitié des gens qui lui téléphonent le jour ont la décence de lui demander si c'est un bon moment pour lui parler. Aux autres, elle explique qu'elle est en train de travailler. « Quinze minutes ici, quinze minutes là; c'est pas long que t'as *scrappé* une heure et demie de travail! » s'exclame-t-elle. India Desjardins, elle, a décidé de faire de l'éducation. Son entourage est averti qu'il ne faut pas l'appeler avant midi. Il s'agit de son temps d'écriture, et parler à quelqu'un durant cette période cruciale pourrait la sortir de sa bulle de création.

Vivre avec un paquet d'angoisses

Lorsqu'on se lance à son compte, on doit aussi apprendre à vivre avec toutes sortes de petites ou de grandes inquiétudes. Certaines rationnelles, d'autres moins.

Chaque fois qu'il a déménagé son lieu d'affaires, Jean-Charles Bouchard s'est demandé si sa clientèle le suivrait. Chaque fois qu'elle conclut une vente, Marie-Claude Palassio se demande si c'est la dernière. «Ma vie dépend en grande partie de décisions d'étrangers!» explique-t-elle.

Le travailleur autonome doit bien souvent ne compter que sur lui-même pour se donner une petite tape dans le dos. Les courriels laissent peu de place au renforcement positif et aux autres félicitations. Cette absence de reconnaissance entraîne parfois celui-ci dans un éternel processus de remise en question. Il se met alors à douter de ses compétences même si les succès professionnels se succèdent.

India Desjardins a souffert du syndrome de l'imposteur même après avoir vendu des milliers d'exemplaires de sa série *Aurélie Laflamme*. «À chaque tome, je me disais que c'est à ce moment-là que les lecteurs allaient se rendre compte que je suis un imposteur! Lorsqu'ils aimaient ça, j'avais un sursis», raconte-t-elle.

La maquilleuse Jennifer Dionne a longtemps eu peur de faire une gaffe et que personne ne la rappelle par la suite. Cette crainte s'est résorbée lorsqu'elle a réalisé qu'elle était recommandée par des gens qu'elle ne connaissait même pas. Le mot se passait: elle était compétente.

FM Le Sieur, comme bien des artistes, a aussi peur qu'on se désintéresse de lui un jour. Par contre, il a surmonté une autre crainte qu'il avait au début : celle de ne pas être pris au sérieux. Étant l'un des premiers dans son domaine à travailler de la maison, il craignait que ses clients hésitent à venir chez lui ou encore qu'ils jugent son environnement de travail moins professionnel. Aujourd'hui, les choses ont bien changé et, lorsqu'on travaille de la maison, on est de moins en moins vu comme un extraterrestre. Du moins, on l'espère !

Ces nombreuses inquiétudes sont prenantes, mais plusieurs travailleurs autonomes nous ont confié qu'elles étaient aussi une grande source de motivation pour toujours livrer le meilleur d'eux-mêmes. Et, en fin de compte, il est bien rare que ces craintes soient fondées. En tout cas, parmi les travailleurs autonomes que nous avons interviewés, aucun imposteur n'a été démasqué et aucun n'est mort de faim. En fait, la difficulté la plus fréquente que nous avons remarquée chez les travailleurs autonomes est qu'ils n'arrivent plus à répondre à la demande. Mais ça, c'est un bien beau problème.

CHAPITRE 3

À GO, ON SE LANCE !

Si vous lisez ce livre, c'est peut-être que vous mourez d'envie de vous lancer à votre compte, mais que vous ignorez par où commencer. Vous rêvez de dire « *Bye-bye, boss* », mais n'êtes pas encore prêt à dire *bye-bye* à la paye tous les jeudis? On comprend, on est plusieurs à être passés par là. D'abord, on vous suggère de vous poser quelques questions.

AVEZ-VOUS TOUT CE QU'IL FAUT ?

Lorsque nous parlons de travail autonome, nous sommes tellement passionnées que nous pouvons parfois avoir l'air de vouloir vous convertir à une secte. Mais travailler à son compte n'est pas pour tout le monde. Nous en sommes bien conscientes et nous ne voudrions pas avoir à gérer les plaintes après la publication de ce livre si ça ne fonctionne pas pour vous!

Êtes-vous passionné ?

Une des conditions *sine qua non* pour avoir du succès à son compte est d'être passionné. «Il faut travailler dans un domaine où on serait prêt à le faire gratuitement», croit Marie-Claude Palassio. FM Le Sieur adore aussi son travail. «Je m'éclate. Je n'ai pas hâte aux vacances. Certains finissent la semaine en n'attendant qu'une chose : la fin de semaine. Moi, je ne décroche jamais. Ce n'est pas pour tout le monde. Ça fonctionne pour les gens passionnés», dit-il.

Être passionné ne signifie pas nécessairement que vous adorerez tout ce que vous faites. Il se pourrait que vous ayez à accepter des projets «alimentaires», moins stimulants, surtout en début de carrière. Vous pourrez toujours compenser par la réalisation de projets personnels plus motivants. L'essentiel est que le domaine dans lequel vous vous lancez vous passionne.

Le professeur Louis Jacques Filion rapporte qu'une recherche a cerné ce qu'est un véritable intérêt. Cette recherche a montré que si vous avez 25 ans et que vous n'avez jamais rien accompli de concret pour un sujet que vous croyez intéressant, il n'est pas certain que vous ayez un intérêt réel pour celui-ci. Ceci s'applique aussi à la création d'entreprise. Si vous voulez vous lancer de but en blanc dans un domaine que vous n'avez jamais exploré, sans avoir jamais essayé d'en connaître au moins un peu, il n'est pas certain que vous avez des motivations réelles pour ce domaine. Au début des années 2000, le chercheur a vu son lot de jeunes entrepreneurs attirés par l'industrie des logiciels, qui semblait être un milieu lucratif. Or, plusieurs d'entre eux n'avaient même jamais touché à un ordinateur de leur vie. « Pour réussir en affaires, il faut non seulement s'investir dans un domaine où il y a un marché, mais aussi pour lequel on a de l'intérêt et une motivation réelle qui nous conduira à nous renseigner et à apprendre sur le sujet et le domaine », précise-t-il.

Est-ce que le travail autonome est possible dans votre domaine?

Certains secteurs d'emploi se prêtent mieux que d'autres à l'entrepreneuriat. Difficile de travailler de la maison si vous voulez être facteur, banquier ou agent de bord. Dans d'autres milieux, être travailleur autonome est presque un incontournable. En composition musicale, à moins de devenir professeur à l'université, vous risquez fort de travailler à votre compte.

« Il y a des secteurs comme le multimédia, la traduction et le journalisme où le travail autonome est plus courant. Il s'agit d'une façon établie de travailler, où il y a déjà un circuit de pige organisé, explique Diane-Gabrielle Tremblay. Il est plus difficile de se lancer à son compte dans un secteur où le recours à des sous-traitants est moins la norme. »

Parfois, le domaine que l'on tente de percer est monopolisé par de trop gros joueurs. Louis Jacques Filion se souvient de l'un de ses étudiants qui voulait lancer sa petite entreprise de vente de systèmes de surveillance pour la maison. Or, en effectuant une enquête, ce dernier a réalisé que 90 % des consommateurs qui souhaitaient acheter un tel service préféreraient faire affaire avec une grande entreprise bien établie plutôt qu'avec un petit indépendant.

Par contre, dans plusieurs domaines, tout est appelé à changer. Partout dans le monde, les outils de télécommunication rendent de plus en plus de secteurs favorables au télétravail. Plusieurs industries comprennent en outre les avantages de recourir aux travailleurs indépendants. «En Allemagne, notamment, on sous-traite beaucoup et on constate que ça donne une économie beaucoup plus flexible, qui s'ajuste beaucoup plus facilement aux changements rapides de l'environnement», remarque Louis Jacques Filion.

Ici, plusieurs domaines qui avaient plutôt tendance à embaucher des salariés font maintenant presque exclusivement appel à des sous-traitants. «En traduction, par exemple, on est passé d'un milieu salarié à 100 % à un milieu fortement pigiste», soutient Diane-Gabrielle Tremblay.

Ce n'est pas parce que votre domaine paraît moins se prêter à la chose *a priori* qu'il vous sera totalement impossible de vous lancer à votre compte. À ce chapitre, nous vous encourageons à user d'audace. Travailler de la maison pourrait même s'avérer pour vous un élément distinctif. Après tout, qui aurait pensé suivre des cours de Pilates dans le confort et l'intimité du foyer de Maude Smith Gagnon? «Je crois que c'est pour cette raison que mes cours fonctionnent. Les gens sentent que, lorsqu'ils viennent chez moi, ils ont accès à quelque chose de différent de ce qu'ils trouvent dans les gyms. Tout en offrant des cours professionnels, je laisse entrer les gens chez moi, ce qui amène un climat plus humain. Parfois, on voit mon chat qui sort d'une pièce. Nous rions beaucoup. Les gens apprennent à se connaître, des liens se créent», explique-t-elle.

Êtes-vous dépendant du dépôt direct?

Si vous êtes du genre à encercler les jours de paye sur votre calendrier et à consulter frénétiquement votre compte bancaire le lendemain du dépôt, vous n'êtes peut-être pas fait pour le travail autonome. Même s'il est possible de se verser un salaire ou se fier à l'apport financier plus constant de clients habituels en étant à son compte, il se pourrait que vous ne réussissiez jamais à obtenir des rentrées d'argent régulières.

Il arrive que les comptables soient distraits, et même les meilleurs clients accusent parfois un mois de retard dans leurs paiements. Bref, pour vivre sereinement de son labeur, il ne faut ni être au sou près ni de nature trop inquiète quant aux finances.

Êtes-vous un animal grégaire?

Pour plusieurs travailleurs, le boulot remplit une fonction sociale. Si vous avez besoin de voir des gens toute la journée et de dîner en groupe pour vous sentir vivant, le travail à la maison n'est peut-être pas pour vous. Lorsqu'on travaille chez soi, il faut avoir la capacité de pouvoir le faire sans trop s'ennuyer ni avoir besoin de toujours parler à des gens.

Effectivement, si vous travaillez chez vous, il y a bien des chances que vous soyez seul toute la journée. À part, bien sûr, Pépé, votre vieux chihuahua nerveux, et, si vous êtes chanceux, un livreur UPS. Bon, il y a évidemment moyen de s'organiser pour voir un peu de monde, mais oubliez tout de suite la *gang* du bureau.

Êtes-vous un angoissé?

Ça prend des nerfs d'acier pour travailler à son compte. Souvent, nous ne pouvons compter que sur nous-mêmes pour nous rassurer. Au mieux, nous pouvons nous rabattre sur des proches qui disent un peu n'importe quoi pour nous réconforter sans trop comprendre ce que nous vivons. Parce qu'être travailleur autonome, ça le dit, c'est être autonome.

Certaines personnes ont besoin de plus d'encadrement et n'ont pas envie de se poser trop de questions. Lorsqu'on est à son compte, il faut être capable de vivre avec des périodes d'incertitude, des courriels ambigus de clients pas contents, des commentaires pas toujours diplomatiques, des demandes farfelues, d'importantes décisions à prendre et toutes sortes de remises en question.

«Ceux qui ont de la difficulté à se détacher de leur travail ou qui sont plus préoccupés et plus anxieux doivent être conscients de leurs limites», affirme la psychologue Julie Ménard.

Si tout ça ne vous fait pas peur, ou du moins pas trop peur, vous avez vraisemblablement la fibre autonome. Alors à go, on se lance?

C'EST UN DÉPART !

Oui, ça peut se faire tout naturellement

Certains travailleurs autonomes sont en quelque sorte prédestinés à la chose. Ils se lancent naturellement après avoir terminé leurs études, sans avoir vraiment à abandonner un emploi payant pour faire le saut dans le vide.

À l'écouter, on pourrait croire que la photographe Dominique Lafond ne s'est jamais rendu compte qu'elle était en train de devenir travailleuse autonome. Durant son baccalauréat, elle avait déjà quelques contrats de photo. Elle devait parfois même en refuser à cause de son emploi à temps partiel. Lorsqu'elle a terminé ses études et que son poste a été aboli, elle ne s'est tout simplement pas posé de questions : « Ça s'est fait tout seul ! »

Plusieurs circonstances peuvent mener au travail autonome. Parfois, la transition se fait quand on en a assez de s'investir énormément dans l'entreprise de quelqu'un d'autre, ou encore lorsqu'on a une profonde envie de travailler sur ses propres projets. Une occasion d'affaires peut nous amener à faire le grand saut. Certaines personnes profitent d'une période de chômage ou d'un congé parental pour réaliser leur rêve de travailler de la maison.

L'architecte Alexandre Shareck n'a jamais repris son travail de salarié après son congé de paternité. S'il est devenu travailleur autonome, c'est en partie en raison de la décision qu'il a prise avec sa conjointe d'acheter un duplex et d'y entreprendre d'importants travaux de rénovation. Cette aventure lui a permis de tisser des liens avec des entrepreneurs qui lui ont confié de petits contrats durant son congé de paternité. Cette étape transitoire lui a fait comprendre qu'il en avait assez de réaliser des projets commerciaux. Il a donc donné sa démission à son employeur. Alexandre prévoyait se lancer dans l'immobilier : acheter des duplex, les rénover, puis les revendre. Finalement, il a obtenu un gros contrat qui l'a occupé pendant un an et demi, puis d'autres contrats se sont enchaînés.

Pour d'autres, le passage au travail autonome s'est avéré plus brutal, à la suite d'une mise à pied. Ces pigistes malgré eux n'ont pas nécessairement élaboré de plan et peuvent se sentir démunis par rapport à cette façon de travailler. Après quelques mois, certains d'entre eux s'informent sur la marche à suivre pour travailler à leur compte et finissent par se sentir à l'aise avec leur situation. D'autres n'y parviennent jamais…

Sans nécessairement être hostiles à l'idée, certains se sont lancés à leur compte simplement pour pouvoir exercer le métier qui les passionne vraiment. Être travailleur autonome devient ici un mal nécessaire pour aller au bout de ses rêves.

Après avoir terminé sa maîtrise en littérature, Danielle Laurin a enseigné le français à l'université et au cégep tout en travaillant à Radio-Canada. Au début des années 1990, elle a commencé la pige comme critique littéraire et elle a peu à peu quitté l'enseignement. Elle trouvait qu'il était plus stimulant d'être journaliste littéraire que professeure de littérature. En plus des piges, elle avait gardé comme base son travail occasionnel dans la salle des nouvelles de Radio-Canada. Elle a aussi animé une émission culturelle à la radio, mais, après de grosses compressions, une personne ayant plus d'ancienneté a pris sa place. « J'ai organisé ma vie pour faire le métier qui me passionne, que j'aime et qui me stimule, et ça a eu des conséquences. Ça m'a amenée à être travailleuse autonome. J'aurais aimé être salariée, mais ça n'a pas été possible. »

La vie réserve aussi ses surprises. On peut avoir un coup de foudre pour un nouveau métier. Maude Smith Gagnon a abandonné son doctorat en littérature pour devenir instructrice de Pilates. Même si elle avait toujours ressenti le besoin de s'entraîner pour être capable d'écrire, elle n'aurait jamais pensé en faire un travail. Suivant les recommandations de

ses instructeurs, elle a tenté sa chance et a immédia-
tement aimé l'expérience. Puisque la fréquence des
cours diminue dans les centres de conditionnement
physique pendant l'été, Maude Smith Gagnon a
commencé à offrir quelques cours à la maison, ce qui
lui permettait d'arrondir ses fins de mois. Lorsque
l'automne est arrivé, elle avait suffisamment de
demandes pour continuer. Elle a donc laissé tomber
quelques cours dans les gyms. Chaque semaine, elle
donne maintenant cinq ou six cours chez elle, et huit
ou neuf cours à l'extérieur.

Placer ses pions

Si la transition s'est imposée à certains, d'autres
travailleurs autonomes ont longuement préparé leur
grand saut. Se lancer à son compte comporte le risque
de vivre maigrement quelque temps, mais il y a aussi
moyen de planifier son coup de façon à limiter la
torture. En gestion et en stratégie, il y a un principe
très important : le gradualisme.

Le professeur des HEC à Montréal, Louis Jacques
Filion, a remarqué que ceux qui ont conservé leur
emploi et attendu environ deux ans avant de se lancer
à temps plein dans leur entreprise personnelle ont
généralement persisté à leur compte. Cela s'explique
notamment parce qu'ils se sont lancés à plein temps

au moment où leur activité générait assez de revenus pour bien vivre. « Les choses se font rarement par révolution spontanée. Le travailleur autonome doit être prêt à travailler les soirs et les fins de semaine quelque temps, et le fait de garder un emploi diminue de beaucoup le risque d'échec, car on sait quand on a atteint des revenus suffisants pour couvrir ses coûts de vie », explique-t-il. Autrement dit : *keep your day job!* Un moment, du moins.

3 RAISONS DE RESTER SALARIÉ ALORS QU'ON FAIT SES PREMIERS PAS À SON COMPTE

- Préparer financièrement sa transition à l'aide de son salaire.

- Négocier une marge de crédit alors qu'on est toujours salarié.

- Prendre le temps de se constituer une clientèle tout en continuant à manger à sa faim.

-Louis Jacques Filion, spécialiste de la création d'entreprises et professeur aux HEC à Montréal

Sans le savoir, plusieurs de nos spécimens interviewés sont de fins stratèges puisque la plupart d'entre eux se sont convertis graduellement au travail autonome. Certains ont eu quelque temps plusieurs statuts, du genre traductrice - vendeuse - serveuse. D'autres ont profité d'un statut de salarié dans leur domaine pour placer minutieusement leurs pions.

Jennifer Dionne était très heureuse d'avoir déjà entrepris des démarches dans le but d'être un jour à son compte lorsqu'elle a perdu son emploi. Travailler dans un salon de coiffure lui a permis non seulement d'acquérir de l'expérience, mais surtout de connaître des gens en communications. Quand elle s'est retrouvée sans emploi, elle a simplement «fait aller ses contacts», ce qui l'a menée à l'univers du vidéoclip. Après avoir travaillé comme maquilleuse sur près de 90 projets où elle n'était pas nécessairement bien payée, elle a enfin pu en vivre.

Il peut toutefois s'avérer plus périlleux de faire le saut lorsqu'on mélange famille et affaires. Pas facile de décevoir le paternel en lui annonçant qu'on quitte l'entreprise familiale pour voler de ses propres ailes et faire enfin ce dont on a vraiment envie.

Chez les Le Sieur, on est directeur funéraire depuis trois générations, mais FM Le Sieur rêvait d'une tout autre carrière. En 1994, de jeunes réalisateurs comme

Éric Canuel et Podz, pour qui FM avait fait la musique de film alors qu'ils étaient étudiants à l'université, commencent à faire appel à ses services de compositeur. Il acceptait ces contrats tout en gardant deux jours par semaine de travail au salon funéraire. Ce n'est qu'en 1997 qu'il est complètement sorti de l'entreprise familiale, même si, financièrement, il aurait pu le faire bien avant.

Le déclic est venu quand un homme important de l'industrie lui a proposé de l'embaucher à temps plein à un très bon salaire. «Je lui ai demandé pourquoi il m'offrait ça, alors que beaucoup de gens étaient capables de jouer de la musique. Il m'a dit que, des gens créatifs, il n'y en avait pas beaucoup. Je n'ai pas accepté l'emploi, mais j'ai compris que, si lui voulait m'engager, il y avait de l'argent à faire là. J'ai un côté entrepreneur. Je ne voulais pas travailler pour quelqu'un.»

Se lancer à son compte peut aussi nécessiter un retour aux études. Bien sûr, cela se planifie. À moins que vous teniez à habiter dans un vieil appartement mal chauffé avec quatre colocataires, financé par un travail d'étudiant. Si vous pouvez retourner sur les bancs d'école tout en gardant un emploi lucratif, cela vous facilitera la tâche.

Marie-Claude Palassio a suivi sa formation de courtière immobilière tout en travaillant. Elle a aussi conservé son emploi le temps de faire ses premières armes dans le domaine. Puis, après trois ventes, elle a décidé de laisser son travail. «C'était comme sauter dans le vide, parce que, trois transactions, ce n'est rien. Mais je n'avais plus le choix: pour continuer, je devais m'y mettre à temps plein», dit-elle. Vient en effet un moment où le travailleur autonome ne peut plus être en mode transitoire et doit se consacrer à 100 % à son projet d'affaires.

Après s'être accordé une année sabbatique de la restauration pour réfléchir à son avenir, Nathalie Béland a décidé de se lancer dans la coordination culinaire. Elle a alors repris le travail en restauration, sur appel. Or, c'est une fois qu'elle a quitté complètement la restauration qu'elle s'est vraiment mise à chercher activement du travail en coordination culinaire et qu'elle a obtenu son premier gros contrat. «C'est difficile de se lancer dans une nouvelle carrière tant qu'on garde une sécurité financière ailleurs. On n'est pas complètement dans le bain», croit-elle.

Démarrer à votre compte peut exiger une grande disponibilité pour être en mesure de répondre par l'affirmative à tous les clients potentiels. Il sera difficile de répondre aux demandes de dernière minute si vous êtes toujours en train de servir du poulet au restaurant du coin. Parfois, la solution se trouve quelque part entre l'emploi stable et la simplicité volontaire. Surtout si votre projet exige un investissement de temps important et seulement des perspectives de rentabilité à long terme.

India Desjardins était sur le point d'être syndiquée au *Journal de Montréal* lorsqu'elle a décidé de tout lâcher. «J'ai réalisé que ce n'était pas la vie que je voulais : j'avais des rêves, dont celui d'écrire un livre», se souvient-elle. Elle a donc gardé quelques piges, le minimum pour payer son loyer et sa nourriture, afin de se consacrer presque entièrement à la rédaction de son premier roman. «À cette époque, j'ai dit non à de vraiment beaux contrats, même si je ne savais pas si mon livre allait être publié.» Pendant cinq ans, l'auteure a fait d'immenses sacrifices, vivant dans la simplicité volontaire et annulant parfois des rendez-vous parce qu'elle avait des trous dans ses souliers. «Ma vie n'est pas gérée par la peur, même si j'en ai mille. Il faut prendre des risques, sinon les choses ne se font pas», résume-t-elle.

Parce qu'à un moment donné c'est bien beau de placer ses pions, mais on n'y échappe pas : on doit se lancer. Il faut se faire confiance et oser aller de l'avant, même si cela signifie quitter son emploi si rassurant, louer un espace de travail ou commander l'équipement nécessaire à la réalisation de son projet. Si on attend toujours le moment idéal et la conjoncture la moins risquée, il y a fort à parier qu'on ne fera jamais le saut.

Faire ses classes

Se lancer à son compte comporte toujours une part de risques, mais certains trucs facilitent la transition. Une stratégie adoptée par plusieurs travailleurs autonomes a été de prendre le temps de faire leurs preuves dans leur domaine en entreprise avant de se lancer à leur compte.

L'architecte Alexandre Shareck a travaillé quelques années pour une grande firme d'architectes avant d'avoir son bureau chez lui. Cela lui a permis d'apprendre à gérer les projets et les attentes des clients, d'établir des contacts dans le domaine de la construction et de se bâtir une bonne réputation.

Jennifer a elle aussi une excellente raison de recommander aux jeunes maquilleuses qui voudraient suivre ses traces de commencer par faire leurs classes en salon. « Rater la face d'une madame qui va à un baptême, c'est beaucoup moins grave que de rater la face de Bruno Pelletier et ne plus jamais te faire rappeler! Quand t'es pigiste, il ne faut pas que tu fasses d'erreurs», dit-elle. En salon, elle maquillait de nouveaux visages toutes les demi-heures, ce qui lui a permis d'acquérir une solide expérience.

Après ses études, Pascal Simard, graphiste, est lui aussi allé chercher des années d'expérience dans quelques entreprises avant de se lancer à son compte. Lors de ses débuts comme travailleur autonome, il a loué un espace chez un ancien employeur, se doutant bien que cela lui apporterait quelques mandats. Il a toutefois quitté ce lieu le jour où il a eu l'impression que le patron le prenait pour… son employé. À un moment donné, on est prêt à voler de ses propres ailes comme un grand. Il faut donc le faire!

Travailler en entreprise pour créer un bassin de clients, par contre, n'est pas fou. Si vous êtes coiffeur dans un salon et que vous décidez de commencer à travailler à la maison, il y a de fortes chances que vos fidèles clients vous suivent. Si vous voulez demeurer en bons termes avec vos anciens patrons, on vous conseille toutefois de vous entendre avec eux quant à votre transition.

Lorsque Jean-Charles Bouchard a quitté la clinique qui lui fournissait des clients, il a convenu avec son ancien patron qu'il avait le droit de dire aux clients qu'ils pouvaient rester à la clinique ou le suivre.

Par contre, si ses clients appelaient à son ancienne clinique pour le voir, celle-ci leur proposait plutôt un autre professionnel de son équipe.

Se mettre en marché

À l'ère des réseaux sociaux, il est maintenant plus facile que jamais de faire connaître ses services et de démontrer ses talents sans avoir à débourser un sou. Aux yeux de plusieurs, le blogue serait le média social de premier choix pour celui qui souhaite se lancer en affaires. Pourquoi ? Parce qu'on ne veut pas le savoir, on veut le voir ! Le blogue permet de démontrer une expertise.

Les réseaux sociaux ont grandement contribué au succès de Sophie Marchand, consultante en modélisation et intelligence d'affaires. Sur son blogue, elle offre gratuitement ses conseils et certains outils qu'elle a élaborés pour les travailleurs autonomes et les petites entreprises : « Je suis ainsi arrivée à dire très rapidement qui je suis et pourquoi les gens devraient faire appel à moi. Serrer des mains dans un 5 à 7 n'est pas le meilleur moyen pour faire valoir ses compétences. Un blogue, c'est une vitrine qui montre ce que vous faites. »

Par contre, si Facebook, Twitter et les blogues constituent un poids pour vous, il serait malavisé d'aller à l'encontre de votre nature. La maladresse, sur les réseaux sociaux, ça ne pardonne pas. Trouvez plutôt une stratégie qui convient mieux à votre personnalité pour vous vendre, comme la participation à des concours, à des conférences ou à des foires commerciales.

Dans certains domaines, vous mettre en marché peut passer par les médias traditionnels. Dès la maîtrise, la nutritionniste Isabelle Huot écrivait comme pigiste dans des magazines et, au doctorat, elle a commencé à apparaître à la télévision. Cette visibilité l'a aidée à lancer ses entreprises. Réussir à faire parler de votre travail par des journalistes dans des émissions de télévision, dans des magazines ou dans des journaux peut aussi modifier radicalement, et pour le mieux, votre carnet de commandes.

Se faire aider

Être à son compte ne signifie pas nécessairement travailler seul dans son coin. Non seulement faut-il aller à la rencontre des autres, mais aussi être prêt à accepter les conseils de personnes plus expérimentées, qu'il s'agisse de clients ou de mentors.

Diplômée des HEC à Montréal, Michelle Blanc était familière avec la notion de mentorat si chère au milieu des affaires. Encore aujourd'hui, elle consulte à l'occasion les mentors qui l'ont aidée à prendre les bonnes décisions dans des moments charnières de sa carrière. «Avoir des mentors en qui t'as confiance, c'est hyper important parce que t'as pas de distance par rapport à ta *business*. Eux te donnent l'heure juste.», dit-elle.

Louis Jacques Filion abonde dans ce sens. Il recommande même de structurer le mentorat en planifiant, par exemple, des rencontres mensuelles au moins un an avant le lancement de son entreprise. Parce qu'il y a certaines choses qu'on ne peut apprendre seul ou qu'on apprendra, disons, plus lentement, sans aide. De plus, il ne faut pas oublier que le mentor est une personne d'expérience qui a un réseau qui pourra être utile.

À défaut d'être diplômé des HEC et d'avoir des contacts dans le milieu des affaires, on peut faire appel au Service d'aide aux jeunes entreprises (SAJE), qui offre des services d'accompagnement aux entreprises en démarrage. On peut aussi consulter des gens du domaine dans lequel on souhaite se lancer, question de profiter de leurs connaissances et de leur expérience. Une fois qu'on a démarré ses activités, il peut être intéressant de continuer à s'enrichir d'autres points de vue, de partager ses expériences avec des pairs dans le cadre de rencontres informelles, comme des 5 à 7, ou lors de formations.

C'est aussi lors de ces événements qu'on se constitue un réseau. Faut-il préciser qu'il est important de bâtir un précieux réseau avant d'en avoir besoin? Quand ça va mal, il est trop tard pour demander de l'aide si vous n'êtes connu de personne. Vous risquez également d'être reçu tièdement si vous ignorez vos pairs lorsque vos affaires vont bien et que vous vous tournez vers eux uniquement lorsque vous avez besoin d'aide. En affaires, on ne donne jamais pour recevoir, mais, lorsqu'on se montre généreux, on finit toujours par en tirer profit.

Même dans les milieux plus artistiques, où l'on pourrait être tenté de croire que les débutants s'entretuent pour obtenir leur part du gâteau, il est rarement avantageux d'être en compétition. «Plus tu es solidaire, plus ton réseau est fort et plus tu as de contrats», remarque India Desjardins. Dans son cercle d'amis, il est fréquent que les uns donnent les numéros de téléphone aux autres pour participer aux mêmes auditions. Lorsqu'on ne peut accepter un contrat, on recommande un ami. «Ça te revient toujours», estime l'auteure.

Se donner au maximum

Le meilleur moyen de se faire aider est peut-être de commencer par aider les autres. Accepter de travailler bénévolement sur un projet, échanger ses services, ne pas compter ses heures… En début de carrière, il faut être prêt à faire quelques sacrifices quant aux conditions de travail. Même si ça n'apparaît pas toujours comme une bonne décision d'affaires sur le coup, donner de son temps peut s'avérer payant en fin de compte. On récolte ce que l'on sème.

Jennifer Dionne a même pris des journées de congé au salon de coiffure, l'emploi qui lui permettait de payer son loyer, afin de pouvoir travailler sur des projets gratuitement. «Ces projets ont changé ma vie», estime-t-elle. Quand on travaille gratuitement pour quelqu'un, qui sait s'il ne s'agit pas du futur Podz ou du prochain Xavier Dolan? «Ces journées-là, il faut travailler avec la même attitude que si on était super bien payé. Ce qu'on vend, c'est qu'on est une personne agréable avec qui travailler. Moi, c'est ma marque de commerce. Une fois que les gens ont travaillé avec moi, ils sont faits!» s'exclame la maquilleuse.

Avouons-le, même si ce n'est pas très rationnel comme critère d'évaluation, avoir aimé travailler avec une personne fait souvent une différence lorsque vient le temps de la rappeler ou non pour un mandat subséquent. Nul ne cherche à souffrir pour rien: on veut tous avoir des relations de travail intéressantes, des contacts agréables avec des collègues. Dans pratiquement tous les milieux, le bouche à oreille est très important.

Lorsqu'on travaille à son compte, le dicton veut que l'on soit toujours aussi bon que son dernier job. En d'autres mots, vous devez toujours donner le meilleur de vous-même puisque, bien souvent, les gens ne se souviendront que de la dernière fois où ils ont fait affaire avec vous. Il faut donc travailler fort et, souvent, ne pas compter les heures. Au début du moins. Parce que tourner les coins ronds vous suivra. Vous risquez d'être insatisfait de votre travail et, pire encore, de vous créer une mauvaise réputation. « Pour réussir, il ne faut pas que du talent. Il faut livrer la marchandise », estime Dominique Lafond.

C'est vrai. Pour les clients, un bon pigiste est celui qui remet à temps un travail de qualité, rigoureux et respectant la commande. Bien sûr, le pire pigiste est un peu le contraire de tout ça. Une mention spéciale pour les pigistes qui ont une mauvaise attitude ou qui trouvent toutes sortes de raisons pour justifier leurs retards ou leurs erreurs. Les donneurs d'ouvrage ne sont pas des travailleurs sociaux. Ils sont des clients, point final.

CHAPITRE 4

APPRENDRE À S'ORGANISER

Si travailler à la maison est, pour certains pigistes, un mal passager, les vrais de vrais savent qu'à un moment donné il faut s'organiser. D'autres, qui sont tombés dans l'univers de la pige un peu par hasard, réalisent tôt ou tard que, travailler de la maison, c'est du sérieux et que, même si ça se passe parfois en pyjama, ça requiert une certaine rigueur.

TROUVER SON ESPACE

Travailler de la maison implique qu'intimité et espace professionnel se côtoient étroitement. Certains travailleurs autonomes, surtout ceux qui habitent seuls, n'ont aucun problème à mélanger leurs vies professionnelle et personnelle et à voir leur salon ou leur table de salle à manger envahie par le travail.

Michelle Blanc, par exemple, est très fière de pouvoir recevoir ses clients dans son magnifique loft en hiver et sur sa somptueuse terrasse en été. « Les gens sont impressionnés parce qu'on est au centre-ville, mais on se sent comme à la campagne », dit-elle. À l'intérieur, sa table de salle à manger fait office de table de salle de conférence, et sa collection de scotchs fait office de... collection de scotchs, une attention que ses clients ne dédaignent pas le moins du monde lors des réunions de fin d'après-midi.

Pour d'autres, accepter de partager leur intimité avec des clients vient petit à petit. Par exemple, lorsque l'instructrice de Pilates Maude Smith Gagnon a commencé à donner des cours dans sa grande pièce double, elle interdisait à son chum d'être chez elle lors des séances. « Ça me stressait parce que je ne trouvais pas ça professionnel. Maintenant, ça ne me dérange plus. Si je donne un cours et qu'il arrive à l'appartement, il ne fait pas de bruit et il va dans la chambre. C'est la vie ! » Depuis, son amoureux a même emménagé avec elle, et son beau-fils vient à l'occasion passer la fin de semaine avec eux.

Partager son intimité avec des clients n'est toutefois pas la réalité de tous les travailleurs autonomes. Plusieurs organisent leurs rencontres professionnelles à l'extérieur de la maison, dans un café par exemple.

Mais même si on ne reçoit personne à la maison, il peut arriver un moment où le travailleur autonome se lasse de vivre littéralement dans son lieu de travail. Il décide donc de créer un bureau dans une pièce spécialement aménagée pour le travail.

Selon Diane-Gabrielle Tremblay, spécialiste de la productivité et du télétravail, il est important d'avoir un espace de travail tranquille, idéalement une pièce fermée, surtout si on partage sa vie avec d'autres personnes. «En plus de créer une séparation entre le travail et la vie familiale, avoir un espace fermé permet de laisser les choses en plan plutôt que de devoir ramasser les documents entre chaque séance de travail», dit-elle.

Bien sûr, l'espace de travail devrait être rangé et confortable. «Il faut aussi reproduire chez soi toutes les exigences ergonomiques que l'on retrouve dans un espace de travail, ce que trop de travailleurs autonomes négligent», explique Diane-Gabrielle Tremblay.

Il est important de prendre le temps de bien choisir son espace de travail. Disons que vous décidez spontanément, pour ne pas déranger les autres membres de votre famille, de faire votre bureau au sous-sol. Si vous travaillez beaucoup chez vous, par exemple 10 heures par jour et souvent 6 jours par semaine, cela signifie que vous passerez le plus clair de votre temps éveillé au sous-sol. D'accord, si vous vous appelez Danielle Laurin, que votre sous-sol est tout vitré et qu'il donne sur le fleuve, en plein où un grand héron a pratiquement élu domicile, ce n'est pas si mal. Mais si votre sous-sol sent l'humidité, qu'il est sombre et sans fenêtre, vous risquez de trouver le temps long. Chacun a aussi ses petites préférences. Pour l'un, ce sera l'air conditionné ; pour l'autre, la lumière naturelle.

Certains travailleurs autonomes n'hésitent pas à dédier la plus belle pièce de leur maison à leur travail. C'est le cas du compositeur FM Le Sieur qui travaille dans le salon avec foyer de son condo à deux étages situé dans une maison construite en 1895, à Westmount. Il se sert aussi du bureau et de la cuisine, où il accueille les producteurs. C'est finalement tout le premier étage de son condo de 280 mètres carrés, incluant la terrasse (pour l'inspiration !), qui sert à son travail. Comme d'autres, il a littéralement magasiné son condo en fonction de sa situation professionnelle. Quand il l'a visité, la première question qu'il s'est posée a été : « Est-ce que je serais bien pour travailler ici ? »

La nutritionniste Isabelle Huot a fonctionné de la même façon. Elle s'est assurée que l'immeuble où elle a acheté son condo avait un gardien sur place jour et nuit. Comme elle reçoit beaucoup de colis dont certains doivent être réfrigérés, il était essentiel que quelqu'un puisse les intercepter en son absence. Les relationnistes n'ont donc pas besoin de l'appeler pour savoir quand lui envoyer des produits. Pour elle, il était aussi important que son immeuble ait un gym. «Avec le nombre d'heures que je travaille dans une semaine, je n'aurais pas le temps de me déplacer pour aller m'entraîner!» dit-elle.

Certains travailleurs autonomes finissent tout de même par se lasser de voir la vaisselle sale de la veille encore empilée sur le comptoir ou d'entendre les enfants jouer bruyamment à Angry Birds dans la pièce d'à côté. Ils réalisent aussi qu'avoir un lieu de vie libéré de tout signe de travail les aiderait à décrocher une fois leur journée de travail derrière eux. Manifestement, le bureau dans la pièce fermée ne suffit plus. Soit ils louent un bureau à l'extérieur, soit ils investissent pour créer un espace de travail complètement isolé, à même leur maison.

C'est ce qu'a fait l'ostéopathe Jean-Charles Bouchard. En 12 ans de pratique à la maison, il avait vécu dans des appartements parfois bien, parfois moins bien divisés. Dans son appartement précédent, l'espace de travail n'était séparé que par un rideau, ce qui causait inévitablement un problème d'intimité. Il a finalement acheté un duplex avec sa conjointe dans une rue résidentielle de Rosemont. Ils ont fait appel à une designer d'intérieur pour créer une réelle division. Les espaces communs et la chambre à coucher de sa fille se trouvent au rez-de-chaussée. Le bureau et la chambre principale sont à l'étage. Des serrures aux portes empêchent les clients de se promener dans la maison. L'ostéopathe peut accéder à la clinique de l'intérieur de la maison, mais les clients arrivent de l'extérieur et ils ont une salle d'attente avec tapis pour les bottes, des crochets pour les manteaux et une petite musique relaxante pour l'ambiance.

Bien sûr, aucun bureau, aussi organisé soit-il, n'empêchera le travailleur autonome de faire son boulot, à l'occasion, écrasé dans le divan du salon qui est tellement inspirant. Ou sur la table de la cuisine qui est invariablement plus à l'ordre que le bureau.

C'est le cas de la courtière immobilière Marie-Claude Palassio, qui a aménagé son bureau au sous-sol de sa maison, dans une grande pièce avec une table de travail, une bibliothèque, des boîtes de rangement et à peu près tout ce que l'on trouve dans la section «bureau» chez IKEA. «J'avais les meilleures intentions du monde, mais j'ai du mal à maintenir cet endroit en ordre. Résultat: je travaille régulièrement dans la salle à manger!» s'exclame-t-elle.

Les inconditionnels de la table de salle à manger et les bordéliques incurables peuvent se rassurer : vous n'êtes pas les seuls et, vraiment, il n'y a rien de mal là-dedans. Si vous avez envie de travailler dans la cuisine pour profiter du soleil du matin, dans le salon parce qu'il est particulièrement bien rangé ou confortable, ou de changer d'air en allant travailler au café du coin, allez-y sans hésiter. Le bureau, avec une porte de préférence, pourra toujours vous servir à empiler vos documents et à stocker votre matériel de travail sans déranger qui que ce soit. Et bien sûr, vous serez bien content de vous y retrouver les jours où vous n'aurez envie de voir personne.

QUELQUES CONSEILS POUR LES ADEPTES DE L'ORDINATEUR PORTABLE

- Variez toujours le plus possible vos postures.

  Même si vous travaillez dans une position parfaitement ergonomique, après de longues heures, vous serez fatigué et ankylosé, et votre circulation sanguine sera moins bonne.

- Ne travaillez pas plus d'une heure à une table avec votre portable.

  À moins d'être surélevé et muni d'un clavier séparé, le portable demande une posture qui met beaucoup de pression sur le cou. En ayant les bras sur la table, les épaules sont aussi haussées, ce qui fait travailler les trapèzes.

- Travaillez debout à l'occasion.

  Parce qu'après une période de travail assis, une période de travail debout permet de stimuler la circulation sanguine et de réduire la fatigue musculaire. Vous devez toutefois adopter une posture ergonomique.

- Travaillez allongé à l'occasion.

  On peut s'allonger pour exécuter des tâches qui ne requièrent pas l'ordinateur, comme lire des documents. Ça vous donne une position de plus !

  -Patricia Richard, ergonome

S'ÉQUIPER

Quand vient le temps de s'équiper, on trouve deux types de travailleurs. Il y a d'abord l'économe, pour qui rien ne vaut jamais la peine d'être acheté. Ce dernier sera certainement encouragé par son comptable à faire quelques dépenses. Par exemple, se procurer une bonne chaise, plutôt que de travailler sur la vieille que vous a donnée le grand frère, en même temps que des douleurs lombaires. Après tout, s'équiper à son goût et en fonction de ses besoins demeure un privilège des travailleurs autonomes. Autant en profiter.

Du côté de ceux qui en profitent, il y a ces travailleurs très habiles pour se convaincre que leurs nombreuses dépenses sont tout à fait justifiées. Ils peuvent ainsi dépenser une fortune en matériel de bureau, ne manquant pas de se rappeler qu'une plume Montblanc ou qu'un casque d'écoute sans fil anti-bruit sont nécessaires au bon accomplissement de leur travail.

«Plusieurs clients font l'erreur d'acheter de l'équipement cher en se disant qu'ils en ont absolument besoin pour faire de l'argent, mais il est important de demeurer prudent dans ses achats», prévient le conseiller en sécurité financière Simon Préfontaine. Mieux vaut parfois opter pour un équipement de début de gamme ou le louer pour commencer que de se ruiner et risquer de faire faillite. Chaque achat d'équipement devrait être l'objet d'une réflexion rationnelle sur la rentabilité de l'investissement. Il ne faut jamais oublier que les clients ne vous choisissent pas parce que vous avez la meilleure caméra ou l'ordinateur portable le plus design, mais parce que vous êtes compétent.

C'est la stratégie qu'a adoptée FM Le Sieur. Lorsqu'il s'est lancé en affaires dans les années 1990, il avait déjà accumulé bon nombre d'instruments de musique, mais il devait s'équiper pour enregistrer à la maison avec une qualité comparable à celle d'un studio. Il a prudemment investi dans son équipement, prenant le soin d'évaluer la pertinence de chaque achat. Aujourd'hui, un compositeur débutant peut s'équiper à moins de 5 000 $, mais, à l'époque, chaque appareil constituait une dépense considérable. FM Le Sieur a évalué ses priorités d'achat en fonction de ses contrats. Et quand il a obtenu son premier contrat de série américaine, il a investi 10 000 $ dans un numériseur d'images. «En somme, c'est un appareil qui me permettait de faire ce que n'importe quel ordinateur ou même téléphone portable fait maintenant!» s'exclame FM Le Sieur.

Pour le mobilier de bureau, le réflexe est d'aller dans un magasin de grande surface, mais les produits qui y sont vendus sont généralement plutôt bas de gamme. Selon l'ergonome Patricia Richard, il peut être intéressant de regarder du côté des entreprises locales. Il existe des producteurs québécois de matériel de bureau qui offrent des produits de qualité à prix très abordables. De plus, certaines de ces entreprises prêtent les chaises pour que vous les testiez à la maison.

3 CRITÈRES POUR TROUVER LA CHAISE PARFAITE

- Un bon soutien au dos.

- Plusieurs possibilités d'ajustement.

- Des appuie-bras.

  Parce que nos bras sont lourds ! Les appuie-bras ne doivent pas être trop distancés pour que nous puissions bien y appuyer les bras. Ils ne doivent pas être trop longs, pour éviter que nous ne puissions pas nous approcher suffisamment du bureau et que nous soyons ainsi forcés à travailler au bout de notre chaise sans soutien lombaire.

  - Patricia Richard, ergonome

On peut toujours se demander s'il y a des moyens gratuits ou abordables pour arriver à ses fins. En matière de développement des affaires, il ne faut pas sous-estimer les outils gratuits du Web. Par exemple, les médias sociaux peuvent nous éviter des dépenses de promotion. Plusieurs applications permettent en outre de gérer à peu de frais la facturation, les feuilles de temps, les relations avec les clients, le kilométrage parcouru, les allocations de dépenses et la comptabilité.

TROUVER SON *MODUS OPERANDI*

Contrairement à certains employés qui doivent être présents au bureau précisément de 9 h à 17 h du lundi au vendredi, les travailleurs autonomes ont le privilège de gérer eux-mêmes leur horaire. Ce privilège vient toutefois avec une bonne dose de responsabilités. Par exemple, celle de ne pas remettre au lendemain ce qu'on peut faire aujourd'hui.

C'est peut-être l'une des raisons pour lesquelles certains pigistes sont malheureux à leur compte. Lorsqu'on est un procrastinateur-né, qu'on a toujours eu l'habitude de terminer ses travaux d'école de 10 pages la veille en braillant, la pige peu s'avérer un défi. Certaines personnes ont besoin de se rendre au bureau pour se sentir obligées de travailler sans être tentées par la piscine ou la terrasse ensoleillée.

Pour les ces gens ainsi faits, il n'y a pas mille et une solutions. La psychologue Julie Ménard recommande de s'imposer un horaire défini. « Ceux qui ont de la difficulté à y arriver doivent savoir que le fait d'être physiquement dans un environnement précis durant ses heures de travail favorise la motivation. On peut choisir une pièce dans laquelle on s'installe pour travailler en respectant un horaire strict ou même trouver un endroit pour travailler à l'extérieur de la maison », indique-t-elle. Le choix de cet endroit, quand vous êtes travailleur autonome, est à votre guise, bien sûr.

Pour accomplir quelque chose dans la journée, pour cerner les moments où il est le plus efficace ou tout simplement pour s'assurer que la vie professionnelle n'empiète pas sur la vie de famille, chaque travailleur autonome doit trouver son propre *modus operandi*. Certains font une croix définitive sur le travail de fin de semaine, d'autres jugent que c'est le samedi ou tard le soir que leur productivité atteint des sommets. Chacun trouve ainsi sa façon de faire et élève parfois ses petites règles au rang de doctrine.

Pour India Desjardins, ça a été de remplir ses matinées d'un objectif réaliste : écrire cinq pages. « J'ai des amis qui écrivent 15 pages par jour ; d'autres, 2. Il faut trouver sa limite personnelle, par essais et erreurs », explique l'auteure. Au début, il lui arrivait de se fixer des objectifs trop gros. Incapable de combler ces attentes irréalistes envers elle-même, elle avait du mal à commencer sa journée le lendemain, pas tellement fière de sa performance de la veille. Depuis, tous les matins, India écrit cinq pages, objectif qu'elle atteint parfois à midi, parfois à 9 h. Le reste de la journée est alors consacré aux autres tâches.

D'autres aiment bien couper leur journée en deux avec une tâche moins exigeante intellectuellement ou encore avec une activité qui se déroule à l'extérieur du bureau. C'est ce que fait Danielle Laurin qui s'accorde souvent des après-midis de lecture. « Lire est pour moi du travail, mais ça me donne une pause d'écriture et ça me fait sortir de mon bureau. J'aime couper ma journée en deux comme ça. »

En plus de la gestion du temps, la gestion de l'énergie est un facteur important. « Ça varie d'un individu à un autre, mais, généralement, on est plus performant le matin », affirme l'expert en gestion du temps René-Louis Comtois, de Formations Qualitemps. On devrait donc commencer par les tâches qui demandent d'être plus alerte, comme la rédaction de rapports, et réserver les tâches les moins exigeantes pour l'après-midi ou pour la période de la journée où on se sent moins performant. Mais il faut également prendre les autres en considération. Si les clients sont plus disponibles le matin, il faut planifier son horaire en conséquence.

Spécialiste des réseaux sociaux, Michelle Blanc a observé que le meilleur moment pour mettre un article en ligne au Québec est de 8 h à 9 h. Elle travaille donc assez tôt le matin pour joindre son public sur le Web, mais aussi pour atteindre la francophonie dans son ensemble. « J'ai un gros lectorat français, suisse et belge », dit-elle. Ceux qui font des affaires avec le vieux continent savent que la boutique est souvent fermée lorsqu'il est midi chez nous. Il faut donc être actif le matin.

En matière de gestion de l'agenda, plusieurs travailleurs autonomes sont à cheval sur les principes. Pour ces derniers, chaque semaine, chaque jour et parfois même chaque heure est associée à l'accomplissement d'une tâche précise. En leur évitant des temps morts, cette gestion serrée de l'agenda leur permet de tenir la procrastination à l'écart. D'autres utilisent leur agenda simplement pour se rappeler leurs échéances et rendez-vous. Un engagement est si vite oublié !

Il y a toujours quelques rebelles qui refusent de mettre leur vie à la merci de cases d'agenda. Ceux-ci préfèrent y aller selon leur bon vouloir, selon l'inspiration du moment ou selon… la température. Mais bien que magasiner en dehors des heures d'achalandage ou profiter d'un séjour au spa le mardi après-midi fassent partie des avantages de travailler pour soi, dans la réalité, certains secteurs d'activité ne permettent pas une si grande flexibilité en matière d'horaire. Si vos partenaires d'affaires travaillent tous de 9 h à 17 h, il est fort probable que vous devrez adopter le même horaire. Ou si vous êtes maquilleuse de plateaux comme Jennifer Dionne, vous travaillerez lorsqu'il y aura des tournages, point final.

D'autres travailleurs autonomes tentent tout simplement de faire concorder leur horaire avec celui des gens normaux, question de vivre sur la même planète que leur conjoint ou de respecter les heures d'ouverture de la garderie. Admettons-le toutefois, pour la plupart d'entre nous, les lundis, les mercredis et les samedis sont souvent du pareil au même, le concept de fin de semaine étant plutôt nébuleux. Pour certains, les samedis et dimanches sont même les jours parfaits pour travailler sur les dossiers les plus épineux alors que les courriels entrent peu et que le téléphone s'est enfin tu.

Pour d'autres, travailler la fin de semaine est tout simplement le seul moyen de répondre à la demande. «Je travaille au rythme où les contrats arrivent, explique l'ébéniste Guillaume Ménard. Si un client veut quelque chose dans 15 jours, je vais faire de grosses journées et travailler les fins de semaine sans problème, mais, si je suis moins occupé, je peux entrer à l'atelier à 9 h et en sortir à 15 h. »

« Moi, je gagne ma vie parce que je livre la musique à temps, explique FM Le Sieur. Si je faisais la meilleure musique du monde, mais que je ne la livrais pas à temps, je ne travaillerais pas. Je peux donc travailler 24 heures de suite s'il le faut et, quand je suis dans le jus, ma blonde comprend et fait des choses avec ses amies », affirme-t-il.

Que ce soit en entreprise ou à la maison, la gestion du temps semble poser un défi pour tout le monde, mais, pour une raison curieuse, le temps semble plus élastique chez les travailleurs autonomes. « Comme le bureau est à la maison, il est plus facile pour les travailleurs autonomes de laisser leur travail empiéter sur la fin de semaine, estime la spécialiste de l'organisation du travail Diane-Gabrielle Tremblay. Travailler à la dernière minute peut mener à sous-estimer le temps nécessaire à l'accomplissement d'une tâche, et c'est là qu'on déborde sur la soirée et la fin de semaine. En respectant sa liste de choses à faire, ses priorités et ses échéanciers, on garde un meilleur contrôle sur la gestion de son temps », croit-elle.

LISTES, AGENDA ET
FICELLES AU DOIGT

Chaque travailleur semble avoir sa tactique infaillible pour gérer ses rendez-vous, planifier ses échéanciers et maximiser son temps tout en préparant le souper, sans oublier d'aller chercher les enfants à la garderie. Plusieurs font des listes, et presque tous vouent un culte à leur agenda. Certains sont toujours au bon vieux papier et aux Post-it alors que d'autres ont fait le saut à l'électronique et aux agendas synchronisés.

Bien que tous croient dur comme fer à l'efficacité de leur liste de choses à faire ou à leur agenda qui leur permet de voir leur mois en entier, plusieurs travailleurs autonomes éprouvent de la difficulté à accomplir l'ensemble de leurs tâches sans déborder sur le temps qui devrait être alloué à leurs loisirs.

D'après René-Louis Comtois, cela s'explique simplement : les gens manquent généralement de rigueur dans leur gestion du temps. Selon lui, un agenda efficace consacre une page par jour. «Si vous avez besoin de voir votre semaine, c'est que vous ne mettez pas tout dans votre agenda. Vous gérez par dates d'échéance plutôt que par tâches», dit-il. Au lieu de ressentir du stress chaque fois que vous voyez que vous avez une conférence à donner vendredi prochain et de remettre à plus tard la préparation de votre conférence, vous devriez plutôt avoir inscrit deux entrées à votre agenda : une pour préparer votre conférence et une pour la donner.

Quand on engage plusieurs musiciens professionnels pour réaliser la bande sonore d'un film, la gestion du temps doit être très rigoureuse. FM Le Sieur a toutefois une aide précieuse : celle d'un logiciel qui calcule le nombre de minutes qui lui seront nécessaires pour réaliser sa bande-son. Ce logiciel lui indique aussi le nombre de minutes pendant lesquelles il devra enregistrer chaque jour pour y arriver et de combien de plages d'enregistrement il aura besoin avec chaque musicien. Cette division méthodique du temps lui permet de respecter les conditions de travail imposées par la Guilde des musiciens et musiciennes du Québec. Mais il a une technique beaucoup plus simple pour se souvenir d'accomplir une tâche : « J'écris en gros *PERCUSSIONS À REFAIRE* au grand tableau noir de ma cuisine, et ça fonctionne ! »

Lorsqu'on doit gérer son temps seul comme un grand, les projets sans échéances précises sont parfois plus difficiles à insérer dans l'horaire. L'écriture d'un livre, le démarchage ou la pose d'une serrure à la porte de son bureau semblent pouvoir attendre éternellement.

« Le temps que j'accorde à l'écriture de mes livres, c'est celui qui reste après avoir terminé tous mes contrats. Je dois réserver des journées pour accomplir cette tâche, mais comme il ne reste pas tant de temps, ce sont souvent les samedis qui y passent », affirme Isabelle Huot.

Selon René-Louis Comtois, les tâches aux échéances plus floues devraient mériter la même attention que si elles étaient obligatoires. « Le problème, c'est que, plutôt que de planifier leur temps, les gens font une liste de choses à faire et ils pigent dedans. Devant une longue liste de tâches, on a tendance à exécuter celles qui se cochent le plus vite parce qu'on n'aime pas faire face à un visuel encombré. Évidemment, les tâches les moins urgentes vont toujours être reportées parce qu'elles ne sont jamais assez urgentes. Or, il ne faut pas que les objectifs prioritaires, comme le démarchage, soient à la merci des activités les moins importantes. »

Pour éviter de vivre sous la tyrannie des microtâches, il faut d'abord définir des objectifs prioritaires à réaliser à moyen et à long termes. Souvent, ces objectifs nous paraissent comme des montagnes. Il faut donc les diviser en petits objectifs, puis se réserver des plages horaires pour y travailler.

«Ce temps doit être bloqué à l'agenda de façon aussi immuable que s'il s'agissait d'un rendez-vous avec un client. Ainsi, on ne se dit pas : " Si j'avais le temps, je ferais ça. " On se donne le moyen d'avoir ce temps-là, de la même façon qu'on ne se dit pas : " Si j'avais plus de temps, j'irais voir ce spectacle. " On achète les billets et on organise ensuite son horaire en fonction du spectacle », explique M. Comtois.

COMMENT GÉRER EFFICACEMENT SES COURRIELS ?

- Pour éviter de vous laisser distraire par l'entrée incessante de courriels, désactivez les alertes.

- Réservez des moments dans la journée pour gérer les courriels.

- Dès la première lecture, répondez au courriel et archivez-le : 85 % des courriels se règlent en moins de deux ou trois minutes.

- Si répondre au courriel requiert une information que vous n'avez pas sous la main, transformez ce dernier en tâche.

-René-Louis Comtois, expert en gestion du temps, Formations Qualitemps

Définir sa stratégie d'entreprise

Les travailleurs autonomes sont ni plus ni moins que de petites compagnies sur deux pattes. En bons chefs d'entreprise, ils doivent donc prendre de vraies décisions d'affaires. Au début, la stratégie de l'entrepreneur se résume à peu de chose : 1) chercher des contrats et 2) accepter tout ce qui passe.

Mais bien vite, l'entrepreneur solitaire réalise qu'il ne peut pas tout faire. Pour Michelle Blanc, il est important de ne pas prétendre être omnipotent : « Moi, je ne conçois pas de sites Web, je fais de la consultation. Les gens qui se disent généralistes ne sont bons dans rien. C'est comme les restaurants qui font des plats canadiens, italiens, chinois, grecs. Avoir une spécialisation, c'est important », dit-elle.

« Absolument ! » confirme le spécialiste des micro-entreprises Louis Jacques Filion. « On ne peut pas être bon dans cinq affaires différentes. Normalement, quelqu'un qui est bon dans ce qu'il fait devient rapidement débordé sans avoir à vendre plusieurs services. Si ça ne démarre pas vraiment, peut-être qu'il devrait se diriger vers une discipline connexe dans laquelle il sera meilleur ou plus passionné. Et il ne faut pas oublier que le client recherche souvent quelque chose de précis. Tout dépend du contexte », affirme-t-il.

Ainsi, alors qu'ils se réjouissaient au départ du simple fait qu'on pense à eux pour du boulot, les travailleurs autonomes qui ont le vent dans les voiles doivent souvent se poser des questions auxquelles ils n'auraient jamais cru avoir le luxe de s'attarder. Par exemple : « Quel genre de contrat ai-je envie de réaliser ? » « Comment satisfaire mes 56 clients alors qu'il n'y a que 24 heures dans une journée ? » « Qu'adviendra-t-il si je refuse un contrat ? » Il n'en tient qu'au travailleur autonome de trouver la stratégie qui lui convient pour accepter ou refuser du travail, tâche qu'on pourrait également qualifier de « beau problème ».

Plusieurs analysent l'intérêt d'un contrat d'un point de vue strictement financier. D'autres encore fondent leur décision sur l'équipe ou les conditions de travail.

Pour plusieurs artistes, des facteurs qui n'ont rien de rationnel peuvent aussi entrer en ligne de compte. Lorsqu'on lui demande de fabriquer un meuble qu'on pourrait retrouver chez IKEA, Guillaume Ménard refuse catégoriquement. « Il faut que ça me ressemble, sinon le projet ne me motive pas. Le côté unique de ce que je fais, c'est ce qui attire mes clients », dit-il. Il est important que ses choix soient cohérents avec qui l'on est et avec ce que l'on veut projeter.

Dans certains domaines, accepter des contrats moins prestigieux peut affecter votre réputation, voire vous fermer des portes. En photo, par exemple, vous pourriez avoir plus de difficulté à vous faire reconnaître comme un artiste si vous couvrez des événements. En télévision, les producteurs auront parfois du mal à vous imaginer en chroniqueur s'ils vous ont toujours connu comme recherchiste. Mais bon, il n'y a pas de règle absolue : Éric Salvail pliait des bas à Radio-Canada avant de se hisser au sommet de l'industrie de la télévision.

Pour un travailleur autonome, accepter un trop gros contrat, peut aussi représenter un risque de négliger d'autres aspects de son travail, de se mettre en situation de dépendance envers un seul client et de passer à côté d'autres occasions. Plusieurs travailleurs autonomes gardent ceci en tête lorsque vient le temps de choisir.

Jean-Charles Bouchard, pour sa part, a déjà refusé une charge de cours trop imposante puisque ça ne correspondait pas à sa priorité : soigner les gens. « J'ai décidé de toujours garder un certain pourcentage de pratique parce que, si j'enseigne à temps plein, je ne suis plus disponible pour mes patients », dit-il.

Si on vous propose un contrat qui n'est pas dans vos cordes, pourquoi ne pas en profiter pour recommander quelqu'un de votre réseau qui excelle en la matière ? Voilà une solution gagnant-gagnant.

Dans tous les cas, le travailleur autonome doit se souvenir que refuser un contrat, ce n'est pas la fin du monde. Au départ, on craint peut-être que le client ne nous rappelle plus jamais, mais bien vite on réalise que, s'il a recours à nos services, c'est qu'il a besoin de nous. La plupart comprennent d'ailleurs que nous avons d'autres clients et qu'ils ne peuvent pas compter sur notre exclusivité.

DÉFINIR SES OBJECTIFS À LONG TERME

Définir ses priorités, ce n'est pas seulement accepter ou refuser des contrats selon une échelle de valeurs. C'est aussi déterminer ce à quoi on veut consacrer son énergie pour faire évoluer sa carrière. Il peut être question de lancer une nouvelle gamme de produits ou encore de percer le marché américain. Ou chinois, pourquoi pas ?

La priorité d'India Desjardins a longtemps été de voir sa série *Aurélie Laflamme* être publiée. « Même avant que mon manuscrit soit accepté par un éditeur, ma priorité était d'écrire *Le Journal d'Aurélie Laflamme*. Tout le reste venait après. Je réservais une journée par semaine aux contrats lucratifs, de façon à pouvoir écrire ma série tous les autres jours de la semaine », se souvient-elle. Huit romans, plus de

650 000 exemplaires vendus et un film plus tard, on peut dire que cette stratégie a porté ses fruits, même si passer cinq ans à écrire un livre sans avoir la certitude qu'il sera publié ne paraissait pas la chose la plus rentable sur le coup.

Michelle Blanc n'est pas toujours rémunérée lorsqu'elle s'exprime dans les médias au sujet de l'impact des réseaux sociaux, que ce soit sur le conflit étudiant, les élections ou le phénomène du *car surfing*, mais elle considère que cela fait partie de sa promotion. «Quand les médias m'appellent pour parler de sujets grand public, ça me donne l'occasion de montrer que les réseaux sociaux servent à quelque chose et qu'il y a des outils pour les mesurer. Tout ça rejaillit sur mon image de marque», explique-t-elle.

Certaines activités, comme l'écriture d'un livre ou les apparitions médiatiques, paraissent donc moins rentables à court terme, mais peuvent être envisagées comme de l'investissement à long terme.

Il en va de même pour le démarchage chez les entrepreneurs qui sont dans le secteur des services. Louis Jacques Filion conseille d'y accorder 10 % de son temps, soit une demi-journée par semaine. Et dans ces 10 %, on n'inclut pas le temps de réflexion ou de ressourcement. Il est question ici d'actions : multiplier les appels, les courriels et les rencontres. Il est sage de respecter cette règle même si on est très occupé, car il ne faut pas attendre d'être sans travail pour chercher d'autres clients. Sinon on risque d'avoir des périodes creuses. On devrait normalement procéder ainsi les premières années, jusqu'à ce qu'on ait un bon bassin de clients. «Le besoin de démarchage diminue avec le temps : si vous avez trois fois plus de clients que ce que vous êtes capable de servir, il n'est plus nécessaire de faire de démarchage», indique M. Filion.

En prospection, Sophie Marchand, consultante en modélisation et en intelligence d'affaires, recommande de ne pas se limiter à un rayon géographique. «Avec tous les outils disponibles sur le Web, il est de plus en plus possible de travailler à distance», rappelle-t-elle. *Sky is the limit,* comme on dit.

Gagner en rentabilité

Alors que la nature du travailleur autonome l'empêche de se multiplier, comment peut-il gagner en rentabilité lorsqu'il ne peut plus suffire à la tâche ? Michelle Blanc a réclamé plus cher pour ses services, mais cette stratégie a toutefois ses limites. Dans un marché concurrentiel où plusieurs personnes offrent sensiblement le même service que vous, il vous sera difficile de justifier un tarif plus élevé que la norme, à moins de compter plusieurs années d'expérience ou de jouir d'une réputation hors pair. Si vous avez peu de clients, vous êtes en situation de dépendance. Il sera donc plus difficile d'augmenter vos prix parce que vous risquerez de les perdre.

Par ailleurs, la clientèle peut être longue à bâtir. Plusieurs travailleurs autonomes hésitent donc à dire non à des clients lorsqu'ils sont débordés, de peur de perdre ces derniers. Comme stratégie, Diane-Gabrielle Tremblay conseille de créer un réseau pour avoir la possibilité de sous-traiter en cas de surcharge de travail. Mais pas à n'importe qui! « Il faut avoir des sous-traitants de confiance, des gens dont on connaît la qualité du travail », estime-t-elle.

Pour s'assurer de la qualité du résultat, Karine Laperrière vérifie toujours le travail qu'elle donne en sous-traitance et garde un pourcentage de la rémunération. Par exemple, avant de signer comme sténographe, elle réécoute l'enregistrement pour s'assurer que la transcription de débats judiciaires qu'elle a confiée à des copistes est fidèle.

Plusieurs travailleurs autonomes n'hésitent pas non plus à sous-traiter des contrats qui ne tombent pas dans leur créneau. D'ailleurs, c'est parfois en acceptant des contrats en sous-traitance que d'autres réalisent que le carré de sable du voisin est plus payant que le leur. Cette répartition du travail apporte une vision d'ensemble de son domaine et peut en mener certains à modifier leur trajectoire professionnelle, par exemple en passant du journalisme à la publicité ou du montage à la réalisation.

D'ailleurs, pour Louis Jacques Filion, dans le secteur des services, il est très important d'avoir de bons réseaux complémentaires. « Ils permettent de faire des alliances avec d'autres travailleurs autonomes qui offrent des services complémentaires aux siens pour aller chercher de plus gros clients », dit-il.

D'autres comprennent rapidement que ce qui est le plus payant, c'est de se retrouver au sommet de la pyramide de la sous-traitance.

« Certains font peu d'argent avec la sous-traitance parce qu'ils donnent presque tous les revenus au sous-traitant, mais d'autres en font beaucoup parce qu'ils deviennent vraiment des professionnels de la redistribution du travail », remarque M. Filion.

Dans plusieurs domaines, être un sous-traitant est un passage presque obligatoire vers la carrière de ses rêves. Plusieurs grands photographes ont commencé en assistant des photographes plus expérimentés qu'eux. Cette période d'apprentissage permet aux débutants d'apprivoiser le milieu, de faire des contacts et d'aller chercher toutes les connaissances qu'ils n'ont pas acquises à l'école. Et si vous réussissez à faire valoir vos compétences et à bâtir une relation de confiance avec votre « maître » ou votre donneur d'ouvrage, ce dernier donnera bientôt votre nom à ses propres clients.

Lorsqu'on ne peut accepter le travail qu'ils nous proposent, plusieurs clients sont reconnaissants qu'on leur suggère des noms. La prudence est toutefois de mise. Jennifer Dionne a eu de mauvaises expériences en recommandant à sa place de jeunes maquilleuses. « Elles distribuaient leurs cartes de visite sur les plateaux où je les avais envoyées me remplacer. Aujourd'hui, je connais quelques personnes fiables que je peux recommander sans avoir peur qu'elles me volent mes clients », dit-elle.

Déléguer des tâches connexes

Vous n'êtes pas à l'aise avec le fait de sous-traiter le cœur de votre travail ou de recommander un compétiteur à un client ? Il y a d'autres façons de faire pour gagner en rentabilité. Comme embaucher un assistant pour réaliser des tâches répétitives. « Si j'ai 250 trous à percer, je vais les faire percer par mon assistant », indique l'ébéniste Guillaume Ménard, qui préfère se concentrer sur la création.

Être à son compte demande aussi de porter le chapeau de gestionnaire de sa petite entreprise. Si vous trouvez que les tâches de gestion prennent trop de votre temps, vous pouvez en déléguer une partie. C'est ce que fait Isabelle Huot depuis un an. Elle a engagé du renfort pour l'aider à gérer ses entreprises et à faire du développement d'affaires. Avec ses cinq cliniques, c'est un aspect de son travail qui grugeait énormément de temps. Elle rédige toutefois les contrats de ses employés et s'occupe des payes.

Pour savoir quoi déléguer, on peut décider de cibler les aspects de son travail auxquels on apporte le moins de valeur ajoutée. Lorsqu'elle a commencé dans le domaine de l'immobilier, Marie-Claude Palassio s'occupait elle-même de sa publicité. Elle pouvait consacrer 20 heures par semaine à l'envoi de cartes postales à ses clients. Aujourd'hui, une compagnie gère sa publicité de A à Z. Elle peut donc allouer plus de temps à des tâches qui requièrent vraiment son expertise. Prochaine étape? « Déléguer quelqu'un pour ouvrir les portes lors des visites des autres courtiers. »

Prendre un agent?

S'il était inconcevable pour l'auteure India Desjardins de sous-traiter son travail, l'écriture, il a vite été évident qu'elle devait déléguer l'organisation de son temps. «Avoir une agente est devenu très utile à un moment donné pour recevoir les demandes des écoles, des bibliothèques, des salons du livre, etc. Avant, c'était moi qui gérais ça. C'est beaucoup de temps au téléphone, du temps que je n'avais pas pour écrire. Aujourd'hui, une agente gère mes contrats et une relationniste de presse s'occupe de mes rendez-vous», explique-t-elle.

Mais avoir un agent, même si ça paraît toujours bien dans une conversation, n'est pas nécessairement la panacée. Dominique Lafond s'est souvent interrogée sur la pertinence d'être représentée par une agence. «En photographie, les agences peuvent prendre jusqu'à 25 % de nos cachets», dit-elle. En même temps, une agence, avec ses relations dans le domaine, a le potentiel de vous trouver des contrats plus intéressants et peut vous négocier des cachets plus élevés. De plus, un agent vous libère de nombreux appels et courriels. Il peut aussi décrocher le contrat du siècle qui arrive justement lorsque vous êtes en vacances. C'est un pensez-y bien.

Chez certains professionnels, comme les acteurs, la représentation en agence va quasiment de soi. « Partout où il y a une négociation, il pourrait y avoir un agent », affirme Martin Béliveau, président de l'Association québécoise des agents artistiques (AQAA). Mais d'autres milieux ne sont tout simplement pas organisés dans une dynamique de représentation et de négociation. Au Québec, l'agent joue deux rôles : la représentation et la négociation. « Un agent, c'est quelqu'un qui a des contacts avec les producteurs, les directeurs de *casting*, les studios, les agences de publicité ; toutes les sphères qui feront en sorte que l'artiste va travailler. C'est aussi un négociateur », explique M. Béliveau.

Dans certains milieux, ces différentes fonctions peuvent être comblées par d'autres professionnels. En musique, ce sont des gérants ; en peinture, des galeristes ; en photo, certains studios jouent ce rôle ; et en réalisation, des boîtes de production représentent plusieurs réalisateurs.

La relation entre l'artiste et l'agent varie selon les besoins de l'artiste et des services offerts par l'agence. « L'artiste peut demander d'être représenté pour un seul dossier, et l'agence offre parfois d'autres services, comme la tenue de livres ou la gestion de l'agenda », explique M. Béliveau.

Bien sûr, ces services comportent des frais. À l'AQAA, le seuil maximum fixé pour les agents d'artistes est de 15 %. Est-ce que ce tarif vaut le coup? « La collaboration entre un artiste et un agent est un échange. Il y a des fois où l'artiste reçoit un contrat sans que l'agent ait à faire quoi que ce soit, et d'autres où l'agent travaille très fort. Il n'y a pas de règle pour savoir si la collaboration sera rentable. Ça dépend de plusieurs facteurs. Comme avec un conseiller financier, il faut développer une relation de confiance », explique M. Béliveau.

ORGANISER SES FINANCES

Au chapitre de leurs finances, les travailleurs autonomes que nous avons interrogés ne sont pas tous aussi structurés. Il faut dire que le degré de complexité de la comptabilité varie beaucoup d'un travailleur autonome à l'autre.

L'ébéniste Guillaume Ménard, par exemple, a une organisation plutôt sommaire. « Mon comptable ne doit pas trop *triper* sur ma façon d'organiser mes factures: c'est une boîte de souliers bien pleine », illustre-t-il.

L'ostéopathe Jean-Charles Bouchard a plusieurs clients, mais sa comptabilité est très simple : comme son tarif est toujours le même, il n'a qu'à additionner le nombre de reçus qu'il émet par année pour connaître son revenu.

Que ses finances soient simples ou plus complexes, chaque travailleur autonome trouve une façon de les gérer en fonction de sa personnalité. La photographe Dominique Lafond facture ses clients dès qu'elle complète un boulot. Sur son ordinateur, les factures passent successivement du dossier « non payé » au dossier « payé ». Aux trois mois, la photographe imprime toutes ses factures pour déclarer sa TPS et sa TVQ. « Comme ça, c'est clair dans mes dossiers : j'ai une copie papier de mes factures et de mes reçus pour le trimestre », explique-t-elle.

L'architecte Alexandre Shareck a quant à lui élaboré des tableaux Excel pour entrer ses revenus et classer ses dépenses par catégories. Sa TPS et sa TVQ sont calculées automatiquement à partir des montants de ses revenus et de ses dépenses. Il s'agit d'une bonne stratégie, selon Sophie Marchand qui observe par ailleurs que beaucoup de petits entrepreneurs travaillent avec des outils de comptabilité mal intégrés. « Des fichiers Excel automatisés permettent de réaliser un maximum d'opérations pour un minimum d'entrées de données», explique-t-elle. Par exemple, un outil peut à la fois produire vos factures à partir de vos relevés de temps, et calculer l'ensemble de vos revenus au bout de l'année. Il peut être avantageux d'investir dans un outil conçu pour vos besoins.

Engager un comptable?

Facturation, entrée des dépenses pour la TPS et la TVQ, chèques pour les dividendes, déclaration de revenus: plusieurs se découragent de toute cette paperasse. S'il y a un aspect de leur travail que la plupart des travailleurs autonomes n'hésitent pas à confier à d'autres, c'est bien la comptabilité. Surtout lorsque vient le temps de faire sa déclaration de revenus.

D'après la comptable fiscaliste Chantal Amiot, il peut être particulièrement avantageux pour le travailleur autonome de faire appel à un comptable. «Les logiciels, c'est bon pour monsieur ou madame Tout-le-Monde qui reçoit des T4. S'il y a une personne qui peut bénéficier de l'aide d'un comptable, c'est bien le travailleur autonome, ne serait-ce que pour pouvoir lui poser régulièrement des questions et ainsi améliorer ses connaissances en matière fiscale. En faisant sa comptabilité lui-même, le travailleur autonome risque de commettre des erreurs et de ne pas bénéficier des bonnes déductions», dit-elle.

Quant au degré d'implication du comptable ou du fiscaliste, il peut varier selon les besoins du client. Certains comptables font la tenue de livres complète, d'autres ne s'occupent que des déclarations de revenus. Pour économiser de l'argent, on peut faire sa comptabilité tout au long de l'année et consulter un comptable à la période des impôts seulement. Pour gagner du temps, on peut confier le plus de tâches possible au comptable.

Facturer

D'après nos observations, le travailleur autonome délègue rarement la facturation de ses clients, même si ce n'est pas l'envie qui manque. «Si on ne me paie pas dans un délai raisonnable, je dois faire le suivi de mes factures. Il me semble que si j'avais une secrétaire ou un agent qui s'en occupait pour moi, ce serait moins gênant!» s'exclame Danielle Laurin.

Quant à la nutritionniste Isabelle Huot, c'est aussi elle qui facture ses clients et qui assure le suivi des comptes non payés. «J'en fais encore beaucoup moi-même, car ça me permet d'avoir le contrôle, mais j'aimerais éventuellement déléguer davantage», dit-elle.

Même Michelle Blanc, qui délègue pratiquement tout le reste des tâches liées à sa comptabilité, fait elle-même sa facturation. «C'est mon talon d'Achille.

Il m'arrive d'envoyer mes factures six mois plus tard. Heureusement, je n'ai pas tant de clients que ça, donc ce n'est pas si difficile à suivre. La comptabilité, j'haïs ça au cube! Ça me coûte 3 000 $ de comptable par année, mais ça vaut amplement la peine», affirme Michelle Blanc.

Percevoir les taxes

Lorsqu'il génère des revenus de plus de 30 000 $, le travailleur autonome ne reçoit pas une médaille, mais il est tenu de s'inscrire à la TPS et à la TVQ. Il doit ensuite percevoir ces taxes. «Plusieurs croient qu'on doit percevoir la TPS et la TVQ à partir du moment où on a fait 30 000 $ dans une année civile, du 1er janvier au 31 décembre, mais, selon la loi, il faut plutôt se baser sur le cumulatif des 12 derniers mois pour savoir si on a fait plus de 30 000 $», précise le comptable professionnel agréé et fiscaliste Raymond Cléroux. Attention, il peut arriver qu'en juillet vous ayez cumulé plus de 30 000 $ au cours des 12 derniers mois, mais que, dans l'année, vous ayez fait moins de 30 000 $. Si c'est le cas, vous vous retrouverez à devoir verser la TPS et la TVQ aux gouvernements même si vous ne les avez pas fait payer à vos clients.

On peut aussi décider de s'inscrire à la TPS et à la TVQ quand on gagne moins de 30 000 $ de revenus, mais il n'est pas toujours avantageux de le faire. Lorsque vos clients sont des particuliers, en coiffure par exemple, ils seront reconnaissants si vous leur évitez les taxes.

Chose certaine, lorsque vous décidez de vous inscrire, vous devrez régler vos comptes régulièrement avec le gouvernement. Eh! oui, cela signifie paperasse et comptabilité.

Ça peut paraître rébarbatif pour certains, mais d'autres découvrent une véritable passion pour la chose. C'est le cas de Jennifer Dionne. «Je viens d'avoir mes numéros de taxes et je capote! Au début, tout ça me faisait peur. Finalement, il y a quelque chose de vraiment *tripant* à gérer ses dépenses et à accumuler ses factures.»

Le travailleur autonome doit aussi toujours s'assurer d'avoir en main les sommes nécessaires qu'il doit remettre au gouvernement pour la TPS et la TVQ, ainsi que pour les impôts. Certains mettent donc judicieusement de côté un pourcentage de leurs revenus gagnés en prévision de ces obligations.

Jennifer Dionne, par exemple, met 30 % des revenus gagnés dans un compte à part. «Tout dépenser à mesure que j'étais payée, j'ai fait ça pendant un bout, mais, à un moment donné, j'avais de mauvaises surprises et je devais de gros montants. Je ne suis pas une grande économe. Pour moi, l'argent, il faut que ça roule. Je me suis donc disciplinée», dit-elle.

Connaître les dépenses admissibles

Si certains sont des pros de la déduction de dépenses, d'autres ignorent encore s'ils peuvent déduire une partie de leur loyer et, si oui, laquelle. Certains ne développent jamais le réflexe de conserver les factures de leurs dîners d'affaires.

Au fond, le travailleur autonome est comme une entreprise. Il est assujetti aux mêmes règles en ce qui a trait à l'impôt. Le principe général pour qu'une dépense d'entreprise soit admissible est qu'elle soit engagée aux fins de l'entreprise.

Pour un travailleur autonome, certaines dépenses personnelles comme le loyer, l'automobile et les frais de téléphone s'avèrent aussi utiles pour le travail. Comment savoir alors quelle portion de ces dépenses est admissible à une déduction ? «Il y a une méthode de calcul prévue pour chaque situation. Lorsqu'on utilise un bien à des fins personnelles et d'affaires, on déduit généralement le pourcentage utilisé à des fins d'affaires. Avec l'automobile, par exemple, on calcule le kilométrage», explique M. Cléroux.

Plusieurs petites règles régissent les cas moins évidents de dépenses encourues à des fins commerciales. Par exemple, l'achat de vêtements peut être justifié dans certains cas. Les frais de représentation, dont les frais de restaurants, ne sont déductibles qu'à 50 % puisque l'on juge que manger répond toujours à un besoin très personnel.

Quoi qu'il en soit, chacun est responsable de ses déclarations d'impôts. Il est du devoir du travailleur autonome de s'informer auprès d'un professionnel et de s'assurer que chacune de ses dépenses est admissible.

Prévoir un fonds d'urgence

Certains travailleurs autonomes sont aussi prévoyants que des fourmis. FM Le Sieur est même un peu plus que prévoyant : il pourrait vivre sans contrat durant presque deux ans ! D'autres, par contre, appartiennent plutôt à la famille des cigales.

Notre position sur la question : mieux vaut prévoir le pire, car nul n'est à l'abri d'un ralentissement de son activité commerciale, peu importe la raison. Il faut donc épargner, un point, c'est tout.

Le conseiller en sécurité financière Simon Préfontaine estime que l'un des premiers éléments d'une bonne planification financière, spécialement quand on est travailleur autonome, est de se constituer un fonds d'urgence. Il s'agit d'un montant auquel on a facilement accès en cas d'urgence, mais difficile à dépenser de manière impulsive. On devrait y trouver une somme permettant de tenir de trois à six mois.

« Si on n'arrive pas à mettre de l'argent de côté après les premières années, c'est peut-être qu'on n'est pas fait pour être à son compte, qu'on manque de discipline ou qu'on vit au-dessus de ses moyens », croit-il.

S'assurer comme il le faut

Plusieurs salariés considèrent que les travailleurs autonomes font pitié en matière d'assurance. Certains salariés évaluent même la qualité d'un employeur en fonction des assurances qu'il offre. Il est vrai que s'assurer comme un salarié peut être cher. Mais a-t-on vraiment besoin d'être couvert pour les massages et les soins de la vue ? Contrairement aux titulaires d'une assurance collective, le travailleur autonome peut s'assurer selon ses besoins et non selon ceux de l'adjointe et du patron.

Pour évaluer ses besoins en matière d'assurance, le travailleur autonome doit se demander quels risques il veut assumer et quels risques il souhaite laisser à une compagnie. Prenons l'assurance dentaire. Le risque est que vous ayez une carie et que cela vous coûte quelques centaines de dollars pour la réparer. Normalement, vous devriez être en mesure d'éponger la facture sans recourir aux assurances.

Votre fonds d'urgence pourra servir à payer vos frais de dentiste plus élevés que prévu. Vous y recourrez également si vous ne pouvez pas travailler pendant quelques semaines en raison d'un accident ou d'une bronchite récalcitrante. Ainsi, grâce à votre fonds d'urgence, vous éliminerez les frais d'assurance dentaire et d'assurance invalidité de courte durée, et vous paierez seulement pour ce dont vous aurez vraiment besoin.

Simon Préfontaine ne croit pas que le travailleur autonome soit vraiment désavantagé en matière d'assurance. « Lorsqu'un salarié a des assurances grâce à son employeur, elles ne sont pas nécessairement moins chères, c'est surtout que son employeur en paie une partie. Parfois, c'est une grande partie ; parfois, c'est une petite », explique-t-il. Par contre, en ayant une assurance médicaments avec son employeur, le salarié est dispensé du régime public d'assurance médicaments qui coûte près de 600 $ par année, soit environ 50 $ par mois.

Plusieurs associations ou ordres professionnels offrent la possibilité d'adhérer à un régime d'assurances collectives. Ces polices sont parfois moins regardantes envers les personnes plus difficilement assurables, mais elles couvrent rarement la totalité des besoins d'assurance. Elles peuvent fournir une base qui sera complétée en fonction de sa situation particulière. Jennifer Dionne, par exemple, a contracté une assurance toute spéciale pour son statut de maquilleuse : elle a assuré ses bras, ses pieds et son matériel.

Bien qu'ils puissent dorénavant avoir accès à certaines prestations d'assurance-emploi, comme la prestation de maladie, la priorité des travailleurs autonomes en matière d'assurance, d'après Simon Préfontaine, devrait être de protéger leur actif le plus important : leur salaire. « Devenir invalide à très long terme est un risque que personne ne peut courir. Lorsque quelqu'un me dit qu'il n'a pas les moyens d'avoir une assurance invalidité longue durée, je lui réponds qu'il n'a pas les moyens de ne pas avoir de revenu en cas d'invalidité prolongée », dit-il.

Il y a plusieurs possibilités lorsque vient le temps de choisir sa police d'assurance. Pour économiser, on peut choisir de recevoir des prestations d'assurance après 90 jours, plutôt qu'à partir du moment où l'on devient invalide. Certaines options sont non négociables, selon Carl Thibeault, vice-président

Québec du Groupe Investors. Pour lui, l'avenant sur la propre profession est un impératif. « Si vous n'êtes plus capable d'exercer votre profession, l'avenant sur la propre profession vous permettra de recevoir des prestations même si vous deveniez valide pour exercer un autre métier », explique-t-il.

Carl Thibeault juge aussi qu'il est important, quand on est jeune et en santé, de contracter au moins une petite police d'assurance invalidité dont la prime ne variera pas au fil du temps. Obtenir une assurance invalidité est un privilège, et une compagnie d'assurance a le droit de vous refuser si elle juge que vous constituez un trop grand risque. « Les personnes qui ne sont pas assurables, les malades chroniques par exemple, devraient même considérer ce facteur dans leur décision de devenir travailleur autonome », affirme M. Thibeault.

Quant à l'assurance-vie, tout parent devrait en posséder une, selon Simon Préfontaine. En cas de décès, cette assurance devrait non seulement répondre aux besoins de ceux qui dépendent de vous, mais surtout leur éviter de devoir assumer vos frais funéraires et de rembourser vos dettes.

Évidemment, les assurances ne peuvent pas tout pallier. Par exemple, elles ne peuvent pas faire en sorte que vos engagements soient respectés en cas de maladie. Parlez-en à India Desjardins, qui avoue ne pas avoir d'assurances. «Pour moi, être malade ne pose pas tant un problème de salaire qu'un problème d'échéancier : qui peut écrire *Aurélie* à part moi ? Quand j'ai eu mon embolie pulmonaire, j'ai recommencé à travailler alors que j'étais encore malade. Je ne pouvais pas retarder *Aurélie* d'un an, il était déjà prévu en librairie !»

Travailleur autonome inc.

S'incorporer ou ne pas s'incorporer, telle est la question. Chose certaine, avant de prendre une telle décision, le travailleur autonome devrait consulter son comptable ou son conseiller juridique.

Il y a plusieurs avantages à s'incorporer. «Du point de vue fiscal, l'incorporation est avantageuse à partir du moment où le revenu d'entreprise excède largement les besoins financiers de ses actionnaires, estime Raymond Cléroux. Par exemple, si la compagnie fait 150 000 $ annuellement et que son actionnaire se verse un salaire de 50 000 $, les 100 000 $ restants seront imposés à un peu moins de 19 % au lieu d'être imposés au taux des particuliers, qui lui, peut atteindre 48 %. Lorsqu'on vend la compagnie ou qu'on en retire des capitaux, le profit est imposé, mais, entre-temps, l'entreprise peut se développer. Au fond, c'est un report d'impôt», explique-t-il.

Toutefois, il n'y a pas que des raisons fiscales pour s'incorporer. Même si on gagne moins de 50 000 $ par année, s'incorporer peut être avantageux pour des entrepreneurs qui souhaitent protéger leurs actifs. « S'incorporer dégage personnellement les gens des responsabilités de leur entreprise», indique M. Cléroux.

C'est particulièrement important si on a une entreprise qui comporte un risque d'affaires important. La construction, par exemple. « Si vous vous faites poursuivre pour 200 000 $, vous ne voulez pas être pris avec ça personnellement, parce qu'on pourrait saisir vos biens. Une compagnie peut faire faillite, mais l'individu ne sera pas affecté. S'incorporer devient alors une sorte de police d'assurance», affirme le comptable fiscaliste.

Créer une entreprise avait aussi permis à Pascal Simard de contourner l'irrégularité des rentrées d'argent associée au travail autonome. En fondant leur compagnie, son associé et lui ont pu se verser un salaire normal, ce qui leur permettait de mieux gérer leurs finances.

Mais il n'y a pas que des avantages à s'incorporer. D'abord, cela comporte des frais, mais cela entraîne également une augmentation de la facture de comptabilité. Parce que, en plus de sa déclaration de revenus personnelle, le travailleur autonome incorporé devra désormais produire celle, encore plus complexe, de son entreprise. Un conseil : prendre le temps de s'informer et s'entourer de spécialistes compétents pour évaluer toutes les possibilités.

Avoir une retraite comme si on était fonctionnaire

Sauf exception, les travailleurs autonomes n'ont pas de caisse de retraite. Et bien qu'ils aient accès au Régime des rentes du Québec et à la Sécurité de la vieillesse du Canada, ils savent souvent mieux que la majorité des gens qu'ils devront en mettre plus de côté s'ils veulent pouvoir jouir d'un certain confort à leur retraite. Chacun y va de sa stratégie : immobilier, REER, CELI ou tout cela à la fois.

Chaque année, FM Le Sieur place un pourcentage de ses revenus pour s'assurer de pouvoir garder le même train de vie à la retraite. Il compte aussi sur son condo et sur la caisse de retraite de la Guilde des musiciens et des musiciennes du Québec.

Épargner demeure tout de même ardu pour plusieurs. Avec son salaire de journaliste littéraire, Danielle Laurin ne réussit pas à placer autant d'argent qu'elle le souhaiterait dans son REER. « J'essaye d'épargner, mais il y a toujours plein de choses à payer. C'était encore pire lorsque les enfants étaient jeunes. Moi, une retraite, je n'aurai pas ça. Je devrai travailler toute ma vie », dit-elle.

Si l'idéal est de commencer tôt, mieux vaut tard que jamais. Michelle Blanc, elle, vient de s'y mettre. « Je vais commencer à investir dans l'immobilier. En même temps, j'ai déjà certains actifs : mon adresse Internet vaut 250 000 $US. C'est une valeur intangible, mais c'est une valeur quand même », dit-elle.

En fait, plus vos revenus augmentent, plus vous devriez être capable d'économiser.

« Revenu Québec conseille de prévoir 70 % de son revenu avant impôts pour la retraite. C'est logique parce qu'en théorie on aura moins de dépenses à la retraite. Mais est-ce que ce sera vraiment le cas ? » s'interroge Simon Préfontaine. Aura-t-on envie de voyager ou de vivre sur un yacht comme dans la publicité de Liberté 55 ? La maison sera-t-elle payée ? « Bien des gens consolident leurs dettes à travers leur hypothèque ou achètent une maison toujours plus grosse. À la retraite, ils ont encore une hypothèque à payer », dit Simon Préfontaine.

L'idéal est bien sûr de vivre selon ses moyens, ce qui peut constituer un défi en cette ère où le crédit est facilité. Pour arriver à épargner, on doit réduire ses dépenses, augmenter ses revenus ou prendre en main sa fiscalité. Il est souvent possible d'économiser des sommes considérables. « Un couple peut aller chercher jusqu'à 30 000 $ grâce à une bonne planification fiscale. Or, une majorité de gens ne font pas de démarche pour s'informer ou recourir à un planificateur fiscal et financier », remarque Carl Thibeault.

Selon lui, on devrait épargner de 10 % à 20 % de chaque rentrée d'argent pour la retraite. Certaines personnes préfèrent toutefois placer de grosses sommes lorsqu'elles ont des rentrées d'argent importantes. De plus, si vous êtes habitué à gagner un revenu de 30 000 $, vous vous satisferez plus facilement du Régime des rentes du Québec et de la Sécurité de la vieillesse du Canada que si vous êtes habitué à gagner 150 000 $ par année.

Certains des travailleurs que nous avons interviewés développent un intérêt insoupçonné pour la gestion de leurs avoirs, allant jusqu'à investir eux-mêmes leur fonds de retraite à la bourse. Disons que, parmi les travailleurs autonomes, certains sont plus autonomes que d'autres !

À voir la longeur de ce chapitre consacré à l'organisation, vous jugerez peut-être qu'il n'est pas si simple de travailler à son compte, finalement. En effet, la liberté a un prix. Si ces démarches vous apparaissent comme une montagne, ne désespérez pas. Plusieurs travailleurs autonomes sont arrivés à mettre de l'ordre dans leur vie professionnelle en procédant étape par étape. Durant votre parcours professionnel, vous croiserez certainement plusieurs embûches, et chacune d'elles sera pour vous l'occasion d'en apprendre un peu plus sur les déductions fiscales, les meilleures stratégies d'affaires ou sur les chaises de bureau les plus confortables. Vous pourrez aussi compter sur l'aide de professionnels qui vous simplifieront la vie. Parce qu'au fond c'est d'abord ça, l'objectif de bien organiser son travail.

CHAPITRE 5

PARCE QU'IL FAUT DÉCROCHER

On pourrait croire que les travailleurs autonomes sont doués pour profiter de la vie. Qu'ils prennent congé quand ils le veulent et, pourquoi pas, en pleine semaine pour profiter d'une certaine tranquillité chez le coiffeur pendant que tous sont au boulot. Il y a le rêve… et il y a la réalité. C'est vrai, il nous arrive parfois d'arrêter de travailler à 14 h pour siroter un café sur une terrasse ou d'aller en ski un jeudi. Mais c'est rare.

Souvent, c'est seulement lorsque son conjoint rentre à la maison le soir que le travailleur autonome s'arrête. Et parfois, c'est très tard. Pour Danielle Laurin, journaliste littéraire, c'est vers 19 h. Pour Isabelle Huot, nutritionniste, c'est vers 20 h. Pour la consultante Michelle Blanc, dont la conjointe travaille le soir, c'est généralement vers 22 h.

Ces gens ne font pas la grasse matinée pour autant. Ils commencent à travailler souvent plus tôt que bien des salariés coincés dans la circulation sur l'autoroute 15. Les travailleurs autonomes économisent peut-être beaucoup de temps en déplacements, mais ils en profitent alors pour travailler plus.

Par contre, il arrive que le temps fasse son œuvre et que les bourreaux de travail s'assagissent. Travailler sept jours sur sept a été la routine d'Isabelle Huot pendant de nombreuses années. Or, depuis peu, elle a commencé à s'accorder des samedis de congé. Le décès de sa mère l'a amenée à réaliser que travailler 90 heures par semaine n'était pas nécessairement le genre de vie qu'elle voulait mener. Pour se forcer à ne pas trop travailler, Isabelle Huot a acheté un chalet où elle parvient à décrocher. Après vérifications, nous pouvons toutefois confirmer qu'il n'est pas obligatoire de contracter une seconde hypothèque pour arriver à prendre congé !

DÉCROCHER, VRAIMENT ?

C'est vrai, par contre, que le travailleur autonome, comme n'importe quel passionné, parvient difficilement à décrocher même lorsqu'il n'est pas réellement au boulot. Une idée géniale ou un souci quant à un fournisseur peuvent poindre à tout moment. Pour un journaliste gastronomique, aller à la cueillette aux champignons sauvages se transforme inévitablement en sujet de reportage. Pour une maquilleuse, regarder un film d'horreur s'avère l'occasion de réviser ses techniques d'effets spéciaux. Pour un compositeur, aller voir un concert n'est pas simplement du divertissement. Les travailleurs autonomes semblent rarement avoir une vision «alimentaire» du travail. La plupart d'entre eux sont de véritables passionnés. Dans la colonie que nous avons étudiée, nous avons même constaté une certaine propension à l'ergomanie, cette tendance à s'investir excessivement dans son travail.

Au chapitre du lâcher-prise, il semble y avoir deux espèces de travailleurs autonomes. Ceux qui tentent, avec plus ou moins de succès, de séparer leur vie personnelle de leur vie professionnelle, puis ceux qui se laissent complètement envahir par leur travail.

Plusieurs de ceux qui sont à leur compte n'ont ainsi aucun problème à travailler sept jours sur sept ou à demeurer constamment disponibles. C'est le cas du compositeur FM Le Sieur, pour qui la fin de semaine est un concept obscur. «Ça m'a pris 10 ans pour avoir le *guts* de partir de l'entreprise familiale pour faire ce dont j'avais envie. C'est ça, ma vie, faire de la musique», affirme-t-il. Séparer vie professionnelle et vie personnelle? Hors de question pour lui.

Pour certains travailleurs autonomes, il serait même impensable de partir en vacances à l'étranger sans un forfait d'appels et de données en itinérance. Prendre congé, peut-être, mais pas au prix de passer à côté de l'occasion d'affaires du siècle !

D'autres tracent justement la frontière à cet endroit. Lorsqu'ils partent en voyage, ils décrochent complètement. Plus question de penser au travail, de terminer un petit contrat les pieds dans le sable ou, pire, de lire leurs courriels. Décrocher complètement en voyage peut aussi être la première étape d'un long cheminement. Plusieurs stratégies peuvent être mises en place pour arriver à décrocher complètement lorsqu'on n'est pas en train de travailler.

Chez les couples de travailleurs autonomes, quelques-uns s'imposent une règle stricte : pas le droit de parler affaires dans certaines pièces de la maison ou à certaines heures de la journée. Ceux qui travaillent toujours avec des collègues vont tout simplement se tenir loin de ceux-ci pendant leur temps libre.

Pour plusieurs, une règle d'or a fait ses preuves : rester loin de l'ordinateur les soirs et les fins de semaine, question de mettre leurs limites quant à l'apport constant d'information que constituent les courriels. Un truc pour y parvenir : éteindre votre ordinateur lorsque vous avez terminé votre journée.

La vie de Nathalie Béland, coordonnatrice culinaire, a changé le jour où elle a commencé à s'imposer cette discipline. « Ça me donne l'impression d'être arrivée au bout. Il est tellement facile d'aller jeter un coup d'œil à ses courriels à 23 h 45 et d'être encore en train d'y répondre une heure après », dit-elle.

Une mauvaise nouvelle est si vite arrivée, personne n'a envie de voir sa fin de semaine gâchée par un courriel lu le samedi matin. Si vous optez pour cette stratégie, vous pouvez en aviser vos clients et partenaires d'affaires. Ça vous fera sentir moins coupable, et qui sait, peut-être que vous les influencerez à prendre des moments pour décrocher à leur tour.

Chaque travailleur autonome a toutefois sa propre façon de voir les choses. Pour certains, les courriels accumulés sont une véritable source de stress. Ainsi, Isabelle Huot préfère toujours répondre à ses courriels au fur et à mesure. Elle le fait même en voyage. Pour elle, cette stratégie est beaucoup plus relaxante que d'avoir à répondre à des centaines de courriels à son retour de vacances.

Jean-Charles Bouchard, ostéopathe, préfère lui aussi répondre au téléphone lorsqu'il sonne plutôt que de prévoir du temps pour rappeler les gens. Par contre, pas question de répondre à ses appels professionnels s'il est en vacances.

Comme de vrais dépendants aux drogues dures, plusieurs travailleurs autonomes nous ont pourtant assuré qu'ils n'avaient pas réellement besoin de décrocher, prétextant qu'ils aiment leur travail de toute façon.

Vous croyez être atteints de cette « maladie » ? Ne vous en faites pas. Il est tout de même possible d'arriver à mettre ses propres limites pour se donner de petits moments de répit.

Même les plus récalcitrants conviennent qu'on ne peut pas toujours travailler. Certains trouvent des trucs simples. Par exemple, FM Le Sieur aime cuisiner, mais il n'improvise jamais ; il suit les recettes à la lettre. Pourquoi ? Parce qu'il crée à longueur de journée ! Il aime aussi prévoir des soupers avec ses amis pour se forcer à décrocher complètement. Après tout, une soirée entre amis lui permet d'avoir la tête complètement reposée et, ainsi… de réécouter son travail avec un certain recul à son retour à la maison.

S'ENCADRER

Lorsqu'on travaille de la maison, on demeure constamment dans son environnement professionnel. Lire un livre, s'adonner à l'aquarelle ou méditer peut s'avérer ardu lorsqu'on peut apercevoir du coin de l'œil la pile de dossiers à régler d'ici la fin de la semaine.

Certains travailleurs autonomes ressentent donc le besoin de séparer lieu de vie et lieu professionnel, question de s'accorder du temps pour l'un et pour l'autre. Ils n'hésitent pas à louer un bureau à l'extérieur de la maison. L'ex-travailleur autonome Pascal Simard s'est senti beaucoup moins envahi par sa vie professionnelle le jour où il a opté pour cette stratégie. Pourtant, au départ, il adorait travailler chez lui. Mais alors qu'à la maison il avait plus tendance à revisiter son travail le soir et la fin de semaine, lorsqu'il quittait le bureau, c'était terminé.

Louer un bureau n'est toutefois pas la solution pour tous. Pour plusieurs, l'avantage d'être travailleur autonome est justement de ne pas avoir à sortir de la maison et de pouvoir travailler en compagnie de son chien ou de son chat. La location d'un lieu de travail constitue aussi un coût fixe et est parfois difficile à rentabiliser.

Par contre, il y a des moyens de se discipliner et d'arriver à travailler et à jouir de la vie dans un seul et même endroit. Par exemple, en créant un horaire de travail. Si vous avez de jeunes enfants, c'est plutôt inévitable. Vous avez l'intention de travailler jusqu'à

20 h et de préparer le souper ensuite? Oubliez ça! Si ce n'est pas votre conscience qui vous en empêchera, ce sera probablement leurs «J'AI FAIM!» qui vous forceront à mettre le travail de côté pour préparer le repas. La garde partagée, l'horaire plus conventionnel du conjoint et les gros yeux qu'on vous fera si vous arrivez à 17 h 15 à la garderie vous aideront également à organiser vos journées. Pour plusieurs parents travaillant à leur compte, les moments passés en famille demeurent sacrés. Les autres doivent se discipliner différemment.

Être capable de se détacher psychologiquement de son travail ne sert pas qu'à donner du temps de qualité à sa douce moitié ou à sa famille, ou à conserver une réputation de personne saine d'esprit. Cela permet également de s'assurer qu'on a du temps pour se ressourcer, pour les loisirs, pour continuer d'apprendre. Bref, décrocher sert à mieux… travailler. Votre activité professionnelle ne s'en portera que mieux.

«Travailler sans arrêt peut amener la personne à devenir inefficace et insatisfaite de son travail», indique Julie Ménard dont les recherches se spécialisent dans la capacité des gens à se détacher de leur travail. Voilà un argument assez sérieux pour recommander quelques trucs à ceux qui ont de la difficulté à se fixer des limites.

PRENDRE DES PAUSES EFFICACES

Certains salariés pensent sûrement que les travailleurs autonomes passent de grandes parties de leur journée à se détendre devant la télé. En fait, ce n'est pas le cas chez les travailleurs rencontrés pour ce livre. Au bureau, il est facile de sortir quelques minutes avec un collègue pour aller chercher un café ou manger. Mais lorsqu'on est seul à la maison, ce genre d'occasion arrive, disons, plus rarement. Or, selon Julie Ménard, plusieurs études démontrent que les pauses sont bonnes pour la performance et pour l'efficacité. Prendre de belles pauses de façon à demeurer performant demande donc un peu d'organisation chez le travailleur autonome.

Alexandre Shareck, architecte, prend souvent du temps pour faire du sport durant la journée. Parfois, lorsqu'il fait beau, il lui arrive même d'aller faire trois heures de vélo avec un ami. Ces jours-là, il travaille un peu plus tard le soir. L'hiver, il fait du cardiovélo à midi. Danielle Laurin rejoint aussi sa mère et sa sœur deux midis par semaine pour s'entraîner. D'ailleurs, le gym s'avère l'endroit de prédilection de plusieurs travailleurs autonomes pour s'accorder une pause au milieu de leur journée de boulot. Physiquement, il s'agit d'une excellente idée.

« Le système nerveux atteint son sommet d'activité trois heures après l'éveil, indique Nicolas Valois, kinésiologue et entraîneur-chef au studio athlétique Locomotion. Ensuite, il se met à décliner. C'est pour cette raison que les gens sont souvent plus productifs le matin que l'après-midi. L'activité physique aide à relancer le métabolisme et le système nerveux. Cela explique aussi pourquoi certaines personnes ne s'entraînent pas avant de se coucher ; elles auraient ensuite de la difficulté à s'endormir, un peu comme si elles avaient bu un café. »

« L'activité physique réduit l'anxiété, les émotions négatives et la fatigue pendant et après l'exercice », ajoute Julie Ménard. Nicolas Valois précise : « Lorsqu'on fait de la musculation, on compte ses répétitions et on ne pense à rien d'autre. Ça permet vraiment de décrocher. D'autres vont profiter de ce moment pour prendre du recul, pour faire le ménage dans leurs idées. » En plus de leur donner une taille de guêpe, l'activité physique apporte énormément de bénéfices aux travailleurs autonomes.

Ne demandez pas toutefois à Maude Smith Gagnon de bouger entre deux cours de Pilates ! Elle n'en a ni l'envie ni la force. Quand on exerce un travail déjà passablement physique, les pauses de type réseaux sociaux, lecture et grignotage peuvent être de mise.

Il y a aussi les pauses un peu forcées. Les travailleurs autonomes peuvent profiter d'un temps mort entre deux entrevues, entre deux rendez-vous, entre deux idées de génie pour démarrer le lave-vaisselle, se mettre en position du chien tête en bas ou regarder une niaiserie sur YouTube.

Il semble toutefois que les activités qui demandent un faible effort, comme écouter la télévision ou feuilleter un magazine, soient les moins efficaces pour décrocher pendant une pause. Les plus efficaces seraient les activités prenantes. « Lorsqu'on fait une activité très absorbante, on n'a pas le choix de se dévouer complètement à cette activité. Cela fait en sorte qu'on ne pense plus du tout au travail, ce qui nous donne une pause plus efficace », explique Julie Ménard.

Toutefois, certaines activités qui demandent peu d'efforts peuvent générer d'importantes émotions positives chez les travailleurs autonomes. Prendre l'air, par exemple. Voilà qui semble assez vital dans la journée de celui qui travaille de la maison.

Parlez-en à India qui a failli mourir d'une embolie pulmonaire. Maintenant, elle suit les recommandations de son médecin et sort marcher chaque jour.

Parce que, souvent, le trajet matinal du travailleur autonome pour se rendre au boulot se limite à aller du lit à la machine à café, puis de la machine à café à l'ordinateur. Et il n'est pas plus long à la fin de la journée.

Plusieurs travailleurs autonomes nous ont avoué qu'ils pouvaient facilement rester une journée entière à la maison sans mettre le nez dehors. Certains se rendent jusqu'à deux ou trois jours! C'est bien pratique lorsqu'il fait -40 °C, mais, pour s'aérer l'esprit, on repassera.

C'est pour cette raison que certains ont élaboré des stratagèmes qui les forcent à sortir de chez eux : faire les courses tous les jours, prendre le temps de visiter les clients ou exécuter des travaux extérieurs sur la maison. Toutou est aussi une bonne motivation à se balader dehors. Michelle Blanc promène sa chienne au moins deux fois par jour. Pour elle, c'est une façon de décrocher. Évidemment, certains sont plus chanceux que d'autres lorsque vient le temps de prendre l'air. C'est le cas de Karine Laperrière, traductrice, qui habite au bord de la mer. L'odeur de varech, ça remet les idées en place, c'est clair.

L'HEURE DU LUNCH

Dans certaines compagnies, manger devant son ordinateur fait quasiment partie de la culture d'entreprise. Alors que ceux qui ne s'arrêtent pas pour manger sont valorisés, ceux qui prennent une pause pour dîner peuvent parfois passer pour des fainéants. À la maison, personne n'est là pour vous juger si vous mangez en regardant une émission, même la plus légère.

Quoi qu'il en soit, plusieurs travailleurs autonomes ont de la difficulté à prendre des pauses pour dîner, même si personne ne les regarde. Souvent stressés, ils mangent tout en répondant à leurs courriels. Pour d'autres, la pause du lunch est sacrée. De 12 h à 13 h, les clients qui appellent se heurtent à une boîte vocale. Comme lorsqu'on appelle dans un bureau, quoi.

C'est bien beau de prendre le temps de dîner pour se changer les idées, mais, seul chez soi, ça peut être un peu ennuyeux. Certains travailleurs autonomes sont très doués pour contourner cet aspect négatif de leur situation professionnelle et dînent parfois avec des collègues qui se trouvent près de chez eux.

D'après Julie Ménard, prendre le temps d'aller manger avec des amis ou des collègues est très bénéfique lorsqu'on travaille de la maison, car il semblerait que les activités sociales soient des pauses presque aussi efficaces que les activités physiques. «Les activités sociales apportent autre chose que le sport. Elles réduisent l'anxiété et augmentent les émotions positives. Elles comblent également le besoin de relations sociales, ce qui est particulièrement important chez les gens qui travaillent seuls de la maison», affirme la psychologue.

Au chapitre des repas, l'un des avantages de travailler à la maison, c'est que la moindre fringale peut-être réglée en marchant les quelques mètres qui nous séparent du garde-manger. Pour certains travailleurs autonomes, chaque petit creux est aussi l'occasion de décrocher de l'ordinateur. Mais attention! Si vous associez bouffe et pause, vous risquez d'avoir très souvent faim, de vous retrouver toujours le nez dans le frigo... et avec quelques kilos en trop.

TECHNIQUE POMODORO POUR INCITER LES RÉCALCITRANTS À PRENDRE DES PAUSES

- La technique Pomodoro consiste à gérer son temps par des blocs de travail de 25 minutes entrecoupés de pauses de 5 minutes.

- Avant chaque bloc de travail, choisir une tâche à effectuer.

- À l'aide d'une minuterie, exécuter cette tâche sans perdre de temps pendant 25 minutes, puis prendre une pause de 5 minutes.

- Après 4 blocs de travail, prendre une pause un peu plus longue, soit de 15 à 20 minutes.

- Remercier intérieurement l'inventeur de cette technique, l'Italien Francesco Cirillo.

- Avantage secondaire : pourrait aider à contrer la procrastination.

-Julie Ménard, psychologue, professeure et chercheuse à l'UQAM

L'ART DE PRENDRE DES VACANCES

Pour certains, être travailleur autonome représente la liberté ultime en matière de vacances. Vous voulez prendre un mois de vacances durant l'été ? Comme vous voulez. Vous désirez partir dans le sud cet hiver ? Allez-y. Un chausson aux pommes avec ça ? Bien sûr ! En plus de bénéficier ainsi de plusieurs semaines de vacances, le travailleur autonome peut à l'occasion s'accorder des fins de semaine prolongées pour partir en camping, s'offrir une escapade à New York ou tout simplement profiter de sa piscine creusée.

Prendre des vacances est non seulement possible, mais facilité lorsqu'on est son propre patron. Pas besoin de demander la permission à quiconque ni de choisir parmi les plages du calendrier délaissées par ceux qui ont plus d'ancienneté au bureau.

Pourtant, pour plusieurs travailleurs autonomes en début de carrière, prendre des vacances est difficilement envisageable. La peur de manquer des contrats quand ils se font encore rares et de perdre des clients en agace plusieurs. Certains ont de la difficulté à s'accorder le droit de prendre un congé sans que ce soit stipulé dans une convention collective. D'autres manquent tout simplement de temps. Entre les contraintes des clients, les projets personnels et les requêtes de dernière minute, ils n'arrivent tout simplement pas à dégager du temps pour s'évader. Par exemple, lorsque Danielle Laurin a le projet d'écrire un livre, c'est souvent ses vacances qui y passent. Prendre un moment de répit peut donc s'avérer tout un art.

La plupart des travailleurs autonomes que nous avons interviewés pour ce livre nous ont avoué avoir éprouvé quelques difficultés à prendre des vacances à leurs débuts. Il leur a parfois fallu deux ou trois ans avant d'être en mesure de reconnaître les moments stratégiques pour prendre des vacances, soit les périodes creuses propres à leur industrie.

Marie-Claude Palassio, courtière immobilière, a remarqué que l'activité ralentissait dans son domaine pendant les deux premières semaines de juillet. Elle en profite donc pour prendre des vacances. Ça lui permet en outre de se ressourcer avant la période de pointe de l'automne. Alexandre Shareck, lui, a vite compris que tous les projets s'arrêtaient l'été, pendant les deux semaines de la construction. Il serait fou de ne pas en profiter pour s'arrêter lui aussi.

Jean-Charles Bouchard a constaté pour sa part qu'il était plutôt vain de se rendre disponible pour ses clients durant la période des fêtes. Pour différentes raisons, comme le *Boxing Day*, la famille à aller visiter au Saguenay et les tempêtes de neige, les gens semblent plus prompts à annuler leurs rendez-vous entre Noël et le jour de l'An.

Plusieurs travailleurs autonomes comprennent d'ailleurs assez rapidement que les fêtes sont le moment idéal pour prendre des vacances : durant cette période, tout le monde se tient loin du boulot et perd un peu la notion du temps. Honnêtement, à moins que vous ne soyez coiffeur, traiteur ou moniteur de ski, qui vous demandera du boulot le 23 décembre ou encore le 27 ?

D'autres ont compris que, pour prendre de vraies vacances, rien de tel que partir. Voilà un bon plan pour les travailleurs autonomes. Si les vacances à domicile ont connu un regain de popularité depuis la dernière crise économique, il ne saurait en être de même pour des personnes qui passent les trois quarts de leur vie dans leur maison. Pour ces travailleurs, il peut être nécessaire de partir en voyage pour véritablement décrocher. C'est ce qui fonctionne le mieux pour l'ébéniste Guillaume Ménard. « Ici, le téléphone sonne et je me sens obligé de répondre. En voyage, je ferme le téléphone », dit-il.

Isabelle Huot affirme même que ce sont les voyages qui lui ont permis de tenir le coup toutes ces années à travailler sept jours sur sept. Elle est toujours partie en voyage trois fois par année, quel que soit son budget.

Elle a donc goûté aux auberges de jeunesse en début de carrière, avant de pouvoir s'offrir des hôtels plus chics. Lorsque ses enfants étaient petits, Danielle Laurin trouvait qu'il était important de voyager avec eux. Aujourd'hui, avec sa maison au bord du fleuve, elle sent moins le besoin de partir. Souvent, par contre, elle prolonge ses voyages d'affaires pour s'accorder de petites vacances.

Pour être certains de s'accorder des vacances, le secret pour plusieurs est de s'y prendre d'avance. Par exemple en réservant du temps à l'agenda de façon immuable. Ou encore de façon plus radicale, en achetant des billets d'avion. Ainsi, le travailleur autonome risque beaucoup moins de reporter ses vacances à la semaine des quatre jeudis.

Pour ceux qui tentent toujours de faire coïncider leurs vacances avec celles du reste de la famille, pas besoin d'user d'un grand stratagème lorsqu'on est à son compte. Souvent, ce sont les vacances du conjoint salarié, qui bénéficie de moins de latitude, qui fixent les dates de congé.

Pour d'autres, ce sont les finances qui décident. Maude Smith Gagnon trouve difficile de prendre des vacances qui génèrent des dépenses alors que l'argent n'entre plus. Évidemment, à moins de pouvoir se verser un salaire, le travailleur autonome n'a pas de revenus lorsqu'il prend congé. Financer ses vacances est donc un défi pour plusieurs. À moins de rouler sur l'or, il n'y a pas 36 solutions : il faut économiser. Vous prenez tout le mois d'août ? Alors prévoyez que l'argent cessera de rentrer pendant autant de temps.

Certains travailleurs autonomes ne profitent pas tellement de leur grande liberté lorsque vient le temps de prendre des vacances. FM Le Sieur, par exemple, en prend très peu. Il s'ennuie en vacances !

D'autres voient un peu les vacances comme la carotte au bout du bâton. Ils en profitent pour se fixer des objectifs à atteindre avant leur départ. C'est le cas de l'auteure India Desjardins. Accro aux objectifs, elle se promet généralement de partir quelques jours à la fin d'un chapitre.

En réalité, le travailleur autonome peut donc prendre autant de vacances que le salarié, et même plus, mais pas de la même façon. Et il n'a pas à demander la permission à son patron !

APPRENDRE À DIRE NON

Pour mille et une raisons – insécurité financière, peur d'être remplacé ou de passer à côté de quelque chose d'important –, dire non n'est pas toujours évident pour un travailleur autonome.

Diane-Gabrielle Tremblay, chercheuse, a constaté qu'à leurs débuts les travailleurs autonomes se sentent obligés de dire oui à tous les clients. « Avant que le bassin de clientèle se confirme, il faut souvent accepter tous les contrats, parce qu'il y a toujours la possibilité de ne pas générer suffisamment de revenus », explique-t-elle. Dans le cadre d'une étude, plusieurs travailleurs autonomes lui ont même indiqué qu'ils avaient des horaires pires que lorsqu'ils travaillaient en entreprise. Selon la spécialiste du télé-travail, les choses se placent généralement lorsque la base de clientèle est bien établie et que les rapports de confiance sont installés avec les clients.

C'est ce que nous ont confié la plupart des travailleurs autonomes que nous avons interviewés pour ce livre. Non seulement la confiance finit par s'installer, mais, à un moment donné, les finances leur permettent aussi de dire non. Après avoir constaté que leurs clients les rappelaient même après quelques refus, plusieurs travailleurs autonomes ont compris que leur travail était estimé par les donneurs d'ouvrage, et même nécessaire.

En fait, bien souvent, savoir mettre ses limites est perçu comme une marque de professionnalisme. Ça indique que le succès de vos clients vous tient à cœur et que vous avez l'expérience nécessaire pour évaluer de façon réaliste le temps requis pour exécuter un travail avec satisfaction.

Selon l'expert en gestion du temps René-Louis Comtois, par contre, mieux vaut proposer un délai dans lequel on est capable d'exécuter une tâche que de dire non, ce qui envoie un message négatif. Et si le délai ne convient pas au client, c'est à lui d'attendre ou d'aller voir ailleurs. Alexandre Shareck a remarqué que l'honnêteté avait la cote auprès des clients. Lorsqu'il sait qu'il ne pourra atteindre des résultats satisfaisants dans le temps alloué, il l'indique à ses clients. La plupart d'entre eux sont prêts à l'attendre. Si c'était toujours aussi simple !

Il peut s'avérer plus difficile de refuser du travail lorsqu'on dépend d'un seul donneur d'ouvrage. Plusieurs clients jouissent par ailleurs du statut de favoris. On se sent mal de leur refuser quoi que ce soit.

Et même s'il vient un temps où l'on a déterminé ce qu'on aime et ce qu'on aime moins faire, pour plusieurs, refuser seulement le travail peu intéressant ne suffit plus. Après être tombée malade, India Desjardins a décidé de se détendre davantage. Elle tente maintenant d'apprendre à refuser aussi des contrats qu'elle aurait envie de faire.

« À un moment donné, ce n'est juste plus possible de dire oui, affirme Danielle Laurin. Il y a 24 heures dans une journée et 7 jours dans une semaine. Parfois, on est obligé de dire non, mais on paie pour après. »

En effet, un client trouvera parfois qu'une main-d'œuvre moins expérimentée est plus disponible et boudera vos services un moment. N'en tient qu'à vous de lui rappeler à l'occasion que votre disponibilité est cyclique, et qu'un refus en mai ne signifie pas un refus en octobre.

Parfois, refuser du travail, c'est une simple question de respect envers soi-même. Nathalie Béland s'est déjà vu proposer, la veille de Noël, par des gens qui tenaient sûrement pour acquis qu'elle pouvait régler leurs dossiers pendant leurs vacances, un travail dont l'échéance était le 2 janvier. Pour plusieurs, le travailleur autonome est une personne qui a faim et qui est toujours prête à tout accepter. Faisons en sorte que cette perception change !

CHAPITRE 6

CONSEILS DE TRAVAILLEURS AUTONOMES AGUERRIS

Nous avons pensé qu'il serait merveilleux de partager avec vous des trucs, mais aussi des pièges à éviter selon les travailleurs autonomes interviewés pour ce livre. Les voici donc en rafale.

CES TRUCS QUI ONT CHANGÉ NOS VIES

Parfois, on travaille en mode automatique sans trop se poser de questions. Puis un jour, en raison de circonstances particulières ou d'une illumination soudaine, on décide de faire les choses différemment. Et parfois cette décision, si petite soit-elle, change notre vie. Voici donc quelques trucs qui ont fonctionné chez nos travailleurs autonomes aguerris.

Commencer tôt le matin

Pour plusieurs, voilà le moment idéal pour accomplir le plus de travail possible alors qu'on a les idées claires, avant que le téléphone commence à sonner et que les courriels affluent.

Trouver son rythme de travail

Ce n'est pas parce que travailler tôt le matin fonctionne pour plusieurs que ça fonctionnera pour vous. Parce que choisir son horaire est l'une des belles libertés des travailleurs autonomes, travaillez au moment où vous êtes le plus efficace.

Travailler en série

Si la nature de votre travail vous le permet, travailler en série peut vous épargner un temps fou. Ce n'est pas pour rien que les usines organisent leur production ainsi.

Ne pas hésiter à donner du temps

Parce que les contrats bénévoles ou peu rémunérés permettent de se faire connaître.

Avoir une bonne formation

Si vous voulez être reconnu pour votre expertise, il faudra penser à suivre une formation adéquate. Avez-vous déjà envisagé de poursuivre vos études aux cycles universitaires supérieurs ?

Bien apprendre son métier

Parce que tout ne s'apprend pas sur les bancs d'école, il peut être avantageux de se faire la main en entreprise et de tirer profit de l'expérience des collègues avant de se lancer à son compte.

Élargir ses compétences

Pour réussir à son compte, il peut être pertinent d'aller chercher des connaissances dans d'autres domaines que le sien. En gestion, par exemple, pour mieux gérer ses affaires, ou en marketing pour apprendre à se vendre. Un cours de lecture rapide, un atelier sur la négociation ; n'hésitez pas à investir dans vos compétences.

Travailler en collaboration

Collaborer vous permettra de sous-traiter du travail lorsque vous serez débordé et d'être recommandé quand vous vivrez une période creuse. Vous pouvez aussi vous associer à d'autres pour créer une entreprise. Prenez toujours le temps de bien choisir vos partenaires d'affaires.

Cibler les tâches à déléguer

Déléguez les aspects de votre travail pour lesquels votre expertise est la moins requise. Il faut mettre son énergie à la bonne place et se concentrer sur ce qui est rentable pour soi.

Accueillir les nouvelles technologies à bras ouverts

Les technologies peuvent vous faire économiser un temps considérable et gagner en productivité. Prenez le temps d'évaluer certains outils offerts gratuitement sur le Web.

Définir ses priorités

Si vous passez votre journée à répondre aux appels et aux courriels alors que vous avez un mandat à terminer pour le lendemain, vous risquez de vous retrouver à devoir faire tout le travail en soirée. Définir vos priorités vous permettra d'atteindre également vos objectifs de carrière à plus long terme.

Faire des listes

Comme travailleur autonome, personne ne vous rappellera les tâches importantes à accomplir. Pour vous aider, faites des listes. Et si vous remettez toujours quelque chose à plus tard, demandez-vous pourquoi et trouvez une solution.

Choisir les bons moments pour les lunchs d'affaires

S'ils permettent au travailleur autonome isolé que vous êtes de voir du monde et de tisser des relations d'affaires, ces dîners s'avèrent aussi toujours plus longs que prévu. Évitez de fixer ces rendez-vous au milieu d'une journée trop remplie.

Avoir un mentor

N'hésitez pas à recourir à un bon mentor. Vous pourrez discuter avec lui en toute confiance et cela vous permettra d'avancer dans votre carrière.

Prendre le temps de se ressourcer

Pour se stimuler et avoir des idées de génie, on a parfois besoin de sortir de chez soi et de faire autre chose que travailler. Allez au cinéma, rencontrez des gens, naviguez sur Internet. Lorsque vous croyez avoir mis la main sur quelque chose qui pourrait vous inspirer dans votre travail, notez-le.

Faire du sport

C'est vrai pour tout le monde, mais particulièrement pour le travailleur autonome qui doit toujours demeurer discipliné et motivé pour engendrer des revenus. Et puis faire du sport à 16 h, ça fait aussi partie des avantages de travailler de la maison.

Choisir son chez-soi avec attention

Parce que si vous y vivez et que vous y travaillez, vous devez y être bien.

Prendre des pauses dans la journée, des jours de congé et des vacances

Ces périodes de ressourcement vous permettront de demeurer productif et satisfait de votre travail. Même si vous êtes travailleur autonome, vous n'êtes pas surhumain. Comme tout le monde, vous avez besoin de repos.

Les erreurs à éviter

Devenir travailleur autonome comporte des risques, et l'erreur est presque inévitable. Pourtant, chaque bévue est l'occasion de grandir, et vous le vivrez sûrement plusieurs fois. Vous pouvez tout de même éviter de tomber dans le panneau.

Sous-estimer sa valeur

Avant d'offrir vos services à n'importe quel prix, faites des recherches sur votre valeur marchande. Vous pouvez fouiller en ligne, comparer des honoraires suggérés par votre association professionnelle ou encore demander conseil à des gens expérimentés dans votre domaine d'affaires. Sinon vous risquez de faire toutes sortes de compromis et, ensuite, il vous sera difficile de revenir à des honoraires convenables.

Hésiter à aborder les questions d'argent

Le flou, on n'aime pas ça. Surtout lorsqu'il est question d'argent. Parfois, on veut accommoder des gens et on préfère éviter d'aborder la question de l'argent. Toutefois, mieux vaut être clair et ferme dès le départ. Ainsi, on risque moins de se retrouver dans une situation où on sera mal à l'aise ou frustré.

Se priver de bons conseillers

Ce n'est pas lorsqu'on a mis les pieds dans le plat qu'il faut aller chercher de bons conseils. Mieux vaut agir avant. Avocats, notaires, comptables, conseillers en sécurité financière, courtiers hypothécaires ; plusieurs professionnels peuvent vous faire économiser temps, argent... et soucis. N'hésitez pas à cogner à plusieurs portes pour trouver des réponses à vos questions et découvrir des stratégies auxquelles vous n'auriez jamais pensé par vous-même. Après tout, chacun son métier.

Improviser

Par peur de manquer de travail, le débutant peut parfois proposer toutes sortes de services pour lesquels il n'a pas nécessairement les compétences. Pour éviter d'improviser et de vous casser la figure, faites-vous un bon plan d'affaires. Discutez-en avec vos proches, un mentor, mais aussi avec des gens que vous ne connaissez pas du tout. On vous dira peut-être des choses que vous ne voulez pas entendre, mais au moins vous aurez l'heure juste. L'idée, c'est d'arriver à vous positionner pour répondre à un besoin.

Manquer d'outils

Avez-vous l'impression que vous perdez un temps fou dans une étape de votre travail ou de votre comptabilité? Regardez ce que les autres font pour économiser du temps et suivez leur exemple. De plus, lorsqu'un problème surgit, arrêtez-vous afin de trouver le bon outil pour le régler. C'est souvent plus rentable que de continuer à avancer en faisant l'autruche.

Se lancer à son compte pour les mauvaises raisons

Nous avons beau vanter les avantages du statut de travailleur autonome, il serait malvenu de le devenir uniquement pour bénéficier d'occasionnels après-midi de farniente ou parce que vous n'en pouvez plus de votre emploi. Si vous avez envie de vous lancer, assurez-vous aussi que c'est pour les bonnes raisons, parce que c'est une décision importante.

CONCLUSION

En écrivant ce livre, nous souhaitions avant tout inspirer nos lecteurs à devenir de meilleurs travailleurs autonomes. Partant du principe de la force du nombre, nous voulions que l'expertise de ceux qui connaissent du succès à leur compte soit transmise et que les mille petits trucs qu'ils ont trouvés puissent profiter à d'autres.

Ce que nous ignorions, c'est que nous serions, nous aussi, frappées par la pertinence des conseils des travailleurs que nous avons rencontrés. Chacun d'eux a su, avec le temps et l'expérience, élaborer son propre modèle d'affaires, organiser son horaire, gérer ses finances et tirer son épingle du jeu. Au cours de la rédaction, plusieurs de nos techniques de travail ont été enrichies par les précieux conseils de nos experts.

Nous voulions également que les travailleurs autonomes puissent se reconnaître dans une réalité commune. Dans cette fierté de réussir seul, mais aussi dans ces préjugés qui nous exaspèrent. Dans cette croyance populaire que nous sommes des travailleurs précaires ou des paresseux.

Bien sûr, il y aura toujours des parents inquiets de voir leur enfant adopter un statut qui leur apparaît incertain. Même si ce livre n'est pas une garantie de succès dans le travail autonome, ce dont nous sommes sûres, toutefois, c'est qu'il n'y aura jamais rien de perdu à avoir essayé. Et que connaître le succès en étant son propre patron apporte une valorisation et un sentiment de réalisation inégalés.

Nous avons aussi constaté que, malgré qu'ils proviennent de milieux totalement différents, ces travailleurs ont plusieurs points en commun. Ils sont tous épris de liberté, savent aller chercher de l'aide lorsqu'ils frappent un mur, font fi des conventions, n'ont pas froid aux yeux et ont ce petit côté entrepreneur qui leur a donné l'élan qu'il faut pour se lancer, la persévérance nécessaire à continuer et l'introspection utile pour aller plus loin. Ils ont tous, nous l'avons aussi remarqué, une légère tendance à l'ergomanie. Mais ça, nous pouvons le confirmer, c'est parce qu'il s'agit sans aucune exception de gens passionnés par leur métier. Et cette passion, nous le croyons, est un gage de bonheur qui vaut toutes les garanties d'emploi du monde.

PERSONNES INTERVIEWÉES

LES TRAVAILLEURS AUTONOMES

Nathalie Béland, coordonnatrice culinaire

Après 25 ans de service en salle dans le domaine de la restauration, Nathalie Béland a quitté son emploi en 2007 pour devenir coordonnatrice culinaire. Son premier contrat important a été l'émission *Curieux Bégin*, à Télé-Québec. On a aussi pu apprécier son travail à l'émission *Kampaï*, à la télévision de Radio-Canada. Quelles sont exactement les tâches d'une coordonnatrice culinaire pour des émissions comme celles-là ? La recherche, la rédaction de recettes, l'achat et la préparation des ingrédients, les tests, la réalisation des recettes. Comme une vraie passionnée, ses loisirs sont très imbriqués dans sa vie professionnelle. Elle tient aussi un blogue sur les champignons et les plantes sauvages comestibles : http://lescomestibles.blogspot.ca

Michelle Blanc, consultante, experte du marketing et des stratégies Internet

Proclamée gourou des médias sociaux par plus d'un, coauteure des livres *Les médias sociaux 101*, *Les médias sociaux 201* et *Pourquoi bloguer dans un contexte d'affaires*, Michelle Blanc a été nommée par le magazine *Châtelaine* l'une des 100 femmes qui marquent le Québec et fait partie des 15 femmes qui feront bouger le Québec selon le journal *Les Affaires*. Son blogue, michelleblanc.com, est l'un des plus influents de la francophonie. Avant de compléter à 40 ans la maîtrise en commerce électronique qui lui a donné son expertise, elle a été militaire, vendeur d'aspirateurs et *bus boy* dans un bar de danseuses. Pour en savoir plus sur son parcours plein de rebondissements, on peut lire sa biographie, *Michelle Blanc, un genre à part*, parue en 2012 chez Libre Expression.

Jean-Charles Bouchard, physiothérapeute et ostéopathe

Avant de travailler de la maison, Jean-Charles Bouchard a été physiothérapeute et a pratiqué l'ostéopathie en clinique à une époque où on ne savait pas trop ce qu'était un ostéopathe. Depuis 2005, il a le bonheur de travailler chez lui, en plus d'enseigner au Collège d'étude ostéopathique de Montréal, de Québec et en Suisse. En 2012, lui et sa conjointe Josianne, massothérapeute et en voie de devenir, elle aussi, ostéopathe, ont fait l'acquisition d'un duplex dans le quartier Rosemont, à Montréal, afin de pouvoir travailler au deuxième étage.

India Desjardins, auteure

Travailleuse autonome depuis l'âge de 19 ans, India Desjardins était pigiste pour les magazines *Cool* et *Clin d'œil* avant de devenir l'auteure acclamée de la série de romans pour adolescents *Le Journal d'Aurélie Laflamme,* qui s'est vendue à plus de 800 000 exemplaires. En 2012, elle faisait son incursion dans l'univers de la BD pour adultes en publiant *La célibataire* aux éditions Michel Lafon. Quand elle manque de motivation pour travailler à la maison, elle se répète une maxime issue du milieu sportif: «Discipline = succès».

Jennifer Dionne, maquilleuse

Le jour où elle a quitté son emploi de maquilleuse dans un salon de coiffure, Jennifer Dionne avait acquis toute l'expérience nécessaire pour travailler à son compte. Si vous avez vu un vidéoclip québécois récemment, il y a de fortes chances que ce soit elle qui ait maquillé l'artiste en vedette. Elle est notamment responsable des jolis visages de Marie-Pierre Arthur, de Mara Tremblay, de Fanny Bloom et des gars de Misteur Vallaire. Vous avez peut-être aussi vu son travail dans des publicités de Honda ou dans les Webséries *Dakodak, Anne Ovule, Manigances* et *Le Frigidaire.* Pour toutes ces raisons, *Salon Magazine* l'a nommée *Make-up artist of the year* au Canada en 2012.

Alexandre Enkerli, ethnologue

Formé dans diverses disciplines ethnographiques (ethno-linguistique, folklore, ethnomusicologie, sociologie…), Alexandre Enkerli a été chargé de cours dans divers contextes, tant aux États-Unis (Indiana, Massachusetts, Texas) qu'au Nouveau-Brunswick et au Québec. En 2008, à la suite de changements de vie, il a décidé de combiner le travail pédagogique avec le travail autonome. Il effectue présentement des recherches appliquées en appropriation technologique pour le compte d'organismes communautaires.

Isabelle Huot, nutritionniste, chroniqueuse, conférencière, auteure et femme d'affaires

On la voit faire des chroniques à la télévision, on l'entend à la radio et on la lit dans des magazines. Elle a sa compagnie, Kilo Solution, ses cliniques de nutrition et de perte de poids. Elle a aussi lancé sa compagnie de produits minceur prêts à manger. Plusieurs sont probablement surpris d'apprendre qu'Isabelle Huot travaille souvent seule de son condo de l'Île-des-Sœurs avec vue sur le fleuve. Pourtant, c'est bel et bien le cas. Toutes ses chroniques, ses articles et ses conférences, elle les prépare chez elle. Pour arriver à abattre tout ce travail, elle y met de longues heures, presque tous les jours. Elle doit aussi gérer des employés, mais, depuis peu, elle a embauché du renfort pour lui donner un coup de main dans la gestion de ses entreprises et le développement d'affaires.

Dominique Lafond, photographe

Diplômée en photographie, en études cinématographiques et en design graphique, Dominique Lafond est reconnue pour ses photos de reportage intimistes et pour le naturel de ses portraits. Depuis qu'elle s'est lancée à son compte comme photographe pigiste en 2006, son travail s'est illustré aux Grands Prix des Magazines du Québec ainsi qu'aux concours Lux et Applied Arts. Elle collabore à différents magazines, dont *Plaisirs de vivre*, *Ricardo* et *bon appétit*. Elle a aussi assuré la photo des livres *Sacré Dépanneur!*, *La Croûte cassée*, *SoupeSoup* et *Garde-Manger*. Vous l'aurez compris, Dominique s'intéresse presque autant à la bouffe qu'à la photographie. Lorsqu'elle n'est pas en train de prendre des photos sur le terrain, elle travaille sur la table à manger de son loft de l'avenue du Parc à Montréal. dominiquelafond.com

Karine Laperrière, traductrice, interprète et sténographe

Elle traduit des textes et agit comme interprète en simultanée en anglais et en français. Karine Laperrière est aussi sténographe, ce qui signifie qu'elle transcrit des débats judiciaires et des interrogatoires entre clients et avocats en matière de droit civil. Puisqu'elle a toujours voulu être à son compte, elle a obtenu tous ces titres pour diversifier ses sources de revenus. Elle est devenue travailleuse autonome dès qu'elle a terminé ses études, il y a une dizaine d'années, à Montréal. Alors qu'elle constituait son bassin de clients à ses débuts, elle travaillait aussi à temps partiel dans des boutiques et des restaurants pour combler ses besoins alimentaires. Son espace de travail est situé dans sa maison, à Sept-Îles, au bord de la mer. Elle a créé sa compagnie. Elle n'a aucun employé, mais elle n'hésite pas à faire appel à d'autres travailleurs autonomes, en sous-traitance.

Elle ne calcule pas ses heures dans une semaine, mais elle sait que, depuis qu'elle a eu sa petite fille il y aura bientôt 3 ans, elle travaille moins de 40 heures.

Danielle Laurin, journaliste littéraire et auteure

Elle tient la chronique de littérature québécoise dans le quotidien *Le Devoir* chaque samedi. Chaque mois, on peut la lire dans le magazine *Elle Québec*. On la voit également à la télévision à l'émission *La Liste*, diffusée à ARTV. Danielle Laurin a aussi animé le magazine littéraire *Cent titres* à Télé-Québec et elle a été chroniqueuse à l'émission *Bouquinville* à la radio de Radio-Canada. Il y a plusieurs années, elle a été lectrice de nouvelles, également à la radio de Radio-Canada, de même qu'enseignante de littérature à l'université et au cégep. Elle n'a jamais eu d'emploi permanent. Elle n'a pas décidé d'être à son compte. Elle a choisi une profession qu'elle trouve passionnante. Elle fonctionne toutefois très bien de façon autonome et apprécie sa liberté et le fait d'être éloignée des cancans de bureau. Elle a publié, entre autres, un livre sur le journalisme de guerre, *Promets-moi que tu reviendras vivant* (Éditions Libre Expression, 2010). Native de Montréal, elle réside maintenant à Repentigny. Son bureau est rempli de bibliothèques qui s'écroulent littéralement sous le poids des livres.

FM Le Sieur, compositeur

La musique de la série *Les Bougon*, c'est lui. De *Musée Éden*? C'est lui. Il a aussi fait celle de *C. A.* et de bien d'autres. Au cinéma, on lui doit la musique de plusieurs films québécois dont *Le sens de l'humour*, *De père en flic*, *Nitro* et *Mambo Italiano*. Il a reçu plusieurs prix Gémeaux et nominations aux Jutra. Aux États-Unis, on lui doit la musique de la série *Being Human* pour laquelle il a été honoré lors des Film and Television Music Awards, à Los Angeles, par l'American Society of Composers, Authors and Publishers (ASCAP). FM Le Sieur, de son vrai nom François-Maurice, est un travailleur autonome de longue date. Comme membre du groupe Tango Tango d'abord, au début des années 1990, puis comme compositeur de musique sur image dès 1994. Il est compositeur à temps plein depuis 1997, année où il a quitté l'entreprise familiale dans le domaine funéraire. Réussir à vivre de sa musique à son compte est la réalisation d'un grand rêve pour lui. Il ne voit pas la musique comme un travail; la musique, c'est sa vie. Il ne compte pas ses heures. Il a créé une compagnie et il se verse un salaire. Il n'a pas d'employé, mais il donne du boulot à plusieurs travailleurs autonomes. Natif de Saint-Jean-sur-Richelieu, il habite maintenant Montréal.

Guillaume Ménard, ébéniste

Il n'était pas tout à fait certain d'avoir les moyens de payer le loyer de son magnifique studio de Griffintown lorsqu'il y a fondé Atelier Mainor en 2009. Qu'à cela ne tienne, Guillaume Ménard s'est lancé et, depuis, il n'a jamais manqué de travail. L'ébéniste est reconnu pour son travail à partir de matériaux recyclés, comme le bois de grange et les allées de quilles. En plus de travailler le bois et le métal, il fait le design de restaurants et de bars. On peut notamment voir son travail au Boucan, au Lawrence, au FCO di Fiumicino ainsi que sur ateliermainor.tumblr.com.

Marie-Claude Palassio, courtière immobilière

Elle occupait des postes importants dans le domaine des ressources humaines avant de se consacrer à l'immobilier. C'est lorsqu'elle a acheté son premier condo en 2005 que Marie-Claude Palassio a eu la piqûre. Quelques années plus tard, elle décidait de suivre une formation intensive pour devenir courtière immobilière. Ce n'est que depuis 2009 qu'elle travaille à temps plein dans le domaine, mais, comme on la voit partout sur les réseaux sociaux, on a l'impression qu'elle fait ça depuis toujours. Travaillant pour l'agence McGill Immobilier depuis 2010, elle se spécialise dans le marché des condos et maisons du Plateau, du Vieux-Montréal et du centre-ville, quartier où elle a son bureau… chez elle.

Alexandre Shareck, architecte

Avant de se lancer à son compte, il a passé sept ans comme employé chez Ædifica. Il a travaillé sur plusieurs grands projets, notamment différents immeubles du Technopôle Angus, l'Institut de tourisme et d'hôtellerie du Québec (ITHQ), le Palais des congrès de Montréal et le magasin

Barneys New York de Seattle. Il a acheté sa maison sur le Plateau-Mont-Royal et a entrepris d'importants travaux de rénovation alors qu'il était en congé de paternité. Il avait toujours accepté des contrats ici et là en plus de son emploi, mais, pendant cette période, il a vu qu'il y avait vraiment du boulot comme travailleur autonome dans son domaine. Il a donc donné sa démission à son employeur en 2009. Il n'a pas manqué de travail depuis. À part quelques visites chez des clients, il passe la très grande majorité de son temps de travail dans sa maison. Avec deux jeunes enfants, il est très heureux de gérer lui-même son horaire et ainsi de pouvoir servir de parent accompagnateur lorsque la garderie organise une journée au zoo !

Pascal Simard, graphiste

Lorsqu'il était pigiste, il a rencontré un autre pigiste qui est devenu son associé. Ensemble, ils ont fondé leur entreprise qu'ils ont dirigée pendant huit ans. Il aimait partager les responsabilités et les bénéfices d'être en affaires. Pascal Simard a commencé par travailler chez lui avec son associé, mais ils ont finalement convenu de louer un bureau. Ils n'avaient aucun employé. Ils ont connu de très bonnes années, mais d'autres plus difficiles, dont 2008-2009, alors que la crise économique frappait. Récemment devenu papa, il a décidé de refaire le saut en entreprise, plus précisément aux Éditions La Presse, où nous l'avons rencontré ! Même s'il a aimé l'expérience d'être à son compte et qu'il ne dit pas qu'il n'y retournera jamais, il est heureux aujourd'hui de pouvoir faire ce dans quoi il excelle, le graphisme, avec un horaire plus régulier, du lundi au vendredi, sans avoir à s'occuper de développement d'affaires ni de paperasse.

Maude Smith Gagnon, instructrice de Pilates

Alors qu'elle avait presque terminé son doctorat en littérature, elle a tout abandonné pour donner des cours de conditionnement physique. C'était en 2007. Elle s'est finalement spécialisée en Pilates. Elle donne environ la moitié de ses cours dans des centres de conditionnement physique, l'autre moitié chez elle dans son immense pièce double qu'elle dédie au Pilates. Elle prépare aussi ses cours dans son appartement du quartier Petite-Patrie, à Montréal. Si vous suivez la littérature de près, son nom vous dit sûrement quelque chose. Son premier recueil de poésie, *Une tonne d'air* (2006), a remporté le prix Émile-Nelligan. Son deuxième, *Un drap. Une place* (2011) a obtenu le Prix littéraire du Gouverneur général en poésie. Écrira-t-elle un autre recueil un jour? Qui sait? Née sur la Côte-Nord, à Tête-à-la-Baleine, elle a déjà été pêcheuse. C'est ce qu'on appelle une femme imprévisible.

Les experts

Chantal Amiot, comptable professionnelle agréée

Chantal Amiot est comptable professionnelle agrée (CPA) et chargée de cours au département de fiscalité de la Faculté d'administration de l'Université de Sherbrooke. Ses recherches portent notamment sur la fiscalité et l'impôt sur le revenu des particuliers et des sociétés.

Martin Béliveau, agent d'artistes

Président de l'Association québécoise des agents artistiques, Martin Béliveau gère sa propre agence à Montréal, où il est responsable d'artistes tels que Stéphane Breton, Marilyn Castonguay, Sébastien Diaz et Valérie Roberts, encore une belle bande de travailleurs autonomes.

Raymond Cléroux, comptable professionnel agréé

Détenteur d'une maîtrise en fiscalité, Raymond Cléroux œuvre dans le domaine comptable et la fiscalité depuis 1982. Il est associé à la firme comptable Cléroux & Gaboury CPA inc. et sa clientèle se compose, entre autres, de travailleurs autonomes et de propriétaires d'entreprises. Il agit à titre de conseiller fiscal pour l'ensemble de sa clientèle.

René-Louis Comtois, spécialiste en gestion du temps et organisation du travail

Fondateur et directeur de Formations Qualitemps, René-Louis Comtois est conférencier, formateur et auteur de six ouvrages sur la gestion du temps, dont *Lecture rapide, mythes et réalité, Gérer et animer ses réunions* et *Gérez vos courriels avant qu'ils vous gèrent.* Chacune des tâches qu'il a à exécuter est soigneusement consignée dans son agenda.

Louis Jacques Filion, professeur et chercheur en entrepreneuriat

Louis Jacques Filion est professeur au service de l'enseignement du management aux HEC à Montréal. Il y est également titulaire de la chaire d'entrepreneuriat Rogers – J.-A.-Bombardier. Il a fait de nombreuses recherches sur les travailleurs autonomes et la création d'entreprises. Il a reçu plusieurs prix liés à son travail dans le domaine de l'entrepreneuriat, notamment le prix Mérite Promotion de l'entrepreneuriat remis par la Fédération des chambres de commerce du Québec en 2008. Louis Jacques Filion a également rédigé plusieurs ouvrages, en plus d'avoir créé des entreprises, dirigé des PME et été conseiller en gestion.

Sophie Marchand, consultante en modélisation et intelligence d'affaires

Titulaire d'une maîtrise en finance, Sophie Marchand possède une expérience de plus de 10 ans en modélisation et intelligence d'affaires. En d'autres mots, elle accompagne les entreprises dans leurs projets d'affaires (démarrage, lancement d'un nouveau produit, expansion vers un nouveau marché, acquisition ou fusion d'entreprises, recherche d'investisseurs, etc.) et dans l'optimisation de leurs processus financiers (budgétisation, tableaux de bord, indicateurs de performance, etc.). Vous pouvez bénéficier gratuitement d'une partie de son expertise sur son blogue personnel: moncherwatson.wordpress.com.

Julie Ménard, psychologue, consultante, chercheuse et professeure

Julie Ménard est professeure et chercheuse au département de psychologie de l'UQAM. Ses recherches portent notamment sur la capacité des gens à décrocher du travail, sur la santé psychologique au travail ainsi que sur la pleine conscience et la gestion du stress. Elle a commencé sa carrière en 2003 comme travailleuse autonome alors qu'elle réalisait des mandats de sélection et de diagnostic organisationnel auprès de différents types d'organisations.

Simon Préfontaine, conseiller en sécurité financière et représentant en épargne collective

Il construit des stratégies financières intégrées pour ses clients chez Lafond. Concrètement, il donne des conseils et distribue des produits d'assurance et d'épargne. Il aura bientôt une troisième corde à son arc puisqu'il est en train de terminer ses cours pour obtenir le titre de planificateur financier. Il connaît bien la réalité des gens qui travaillent à leur compte, car ils constituent une grande partie de sa clientèle.

Patricia Richard, kinésiologue et ergonome

Kinésiologue et ergonome depuis 15 ans, Patricia Richard s'intéresse à la santé et à la sécurité en milieu de travail. Lorsqu'elle travaille de la maison, elle s'assure que ses coudes sont à 90 degrés pour taper au clavier, que ses épaules sont près du corps, les poignets bien appuyés en position de repos et le dessus de l'écran d'ordinateur à la hauteur de ses yeux.

Sylvie Rousson, courtière immobilière hypothécaire

Elle est chez Multi-Prêts Hypothèques depuis 1997 et porte-parole auprès des médias depuis 2002. Sylvie Rousson travaille à son compte et, encore récemment, elle louait un bureau et avait toute une équipe avec elle. Elle est revenue à un mode de fonctionnement plus simple. Elle travaille maintenant avec une collègue, et beaucoup plus à partir de la maison. Dans sa clientèle, elle compte une partie importante de travailleurs autonomes. Ils ne lui font pas peur !

**Carl Thibeault, vice-président Québec,
Services financiers, Groupe Investors**

Avant de devenir vice-président Québec chez Services financiers Groupe Investors, Carl Thibeault a été travailleur autonome pour le groupe pendant huit ans. Depuis 2002, il enseigne également la comptabilité et la planification financière à l'Université Laval, au baccalauréat et au MBA. Comme quoi le travail autonome peut ouvrir toutes sortes d'horizons.

Diane-Gabrielle Tremblay, spécialiste de l'organisation du travail, de la gestion des ressources humaines, de la productivité et du télétravail

Professeure à l'École des sciences administratives de la TÉLUQ, elle est titulaire de la chaire de recherche sur les enjeux socio-organisationnels de l'économie du savoir et directrice de l'Alliance de recherche sur la gestion des âges et des temps sociaux. Ses recherches portent notamment sur les motivations des individus à travailler de la maison et sur les effets de cette pratique.

Nicolas Valois, kinésiologue

Il est entraîneur-chef au studio athlétique Locomotion, aux Shops Angus, dans le quartier Rosemont, où une bonne partie de sa clientèle travaille à son compte. Nicolas Valois a aussi déjà entraîné des clients en tant que travailleur autonome. Il a obtenu son baccalauréat en kinésiologie à l'Université de Montréal en 2003. Il a travaillé dans différents gyms et au Centre ÉPIC rattaché à l'Institut de cardiologie de Montréal. Il s'est joint à l'équipe de Locomotion en 2007 avant même l'ouverture du studio pour participer à la planification.

LECTURES SUGGÉRÉES

OUVRAGES DE RÉFÉRENCE

NADEAU, Jean-Benoît. *Le Guide du travailleur autonome*, Québec Amérique, 2007.

DUPRIEZ, Jean. *Savoir choisir son conseiller financier*, Edival, 2010.

SITES INTÉRESSANTS

Le Réseau juridique du Québec :
http://www.avocat.qc.ca

Pour les 28 avantages et les 3 désavantages à s'incorporer, donnés par Luc Audet, avocat et conseiller d'affaires chez Audet et Associés

L'Association paritaire pour la santé et sécurité, secteur affaires municipales :
http://www.apsam.com

Pour sa fiche technique *L'ergonomie au poste de travail informatisé.*

REMERCIEMENTS

Ce livre est devenu réalité grâce à la générosité des nombreuses personnes interviewées :

Alexandre Shareck, Carl Thibeault, Chantal Amiot, Danielle Laurin, Diane-Gabrielle Tremblay, Dominique Lafond, François-Maurice Le Sieur, Guillaume Ménard, India Desjardins, Alexandre Enkerli, Isabelle Huot, Jean-Charles Bouchard, Jennifer Dionne, Julie Ménard, Karine Laperrière, Louis Jacques Filion, Luc Boulanger, Maude Smith Gagnon, Mélik-Alexandre Farhat, Michelle Blanc, Marie-Claude Palassio, Martin Béliveau, Nathalie Béland, Nicolas Valois, Pascal Simard, Patricia Richard, Raymond Cléroux, René-Louis Comtois, Simon Préfontaine, Sophie Marchand et Sylvie Rousson. Merci !

Nous tenons également à remercier l'équipe des Éditions La Presse et particulièrement Sylvie Latour pour sa patience et ses conseils judicieux.

Je tiens à remercier Jesse Giroux, mon homme, qui a su m'endurer alors que ce projet a ajouté plus de travail à mes semaines déjà très remplies. Merci aussi à mes parents Céline Lamonde et Raynald Letarte, ainsi qu'à mes frères Simon et Bruno Letarte. Je remercie également mes clients, particulièrement Marie-Andrée Amiot et Réjean Bourdeau, à *La Presse*, ainsi que Normand Thériault, au *Devoir*. Merci aussi à mes précieux amis qui me font sortir de chez moi de temps en temps et à mon chien-saucisse, Pixel, le plus fidèle des collègues de travail ! - *Martine*

J'aimerais remercier toutes les personnes qui ont fait de moi une travailleuse autonome : mes employeurs (les meilleurs, mais surtout les pires), mes clients, mes amis, mes collègues, sans oublier ma mère, qui a été depuis toujours un modèle d'autodétermination. Ce livre n'aurait pu voir le jour sans le soutien constant et inconditionnel de mon amoureuse et collègue de bureau, Marie-Andrée Labbé. - *Judith*